呵呵 HEHE,
我才是我 WO CAI SHI WO

一本当代中学生写给自己的书

贾昕平◎主编

新华出版社

图书在版编目（CIP）数据

呵呵，我才是我／贾昕平主编. —北京：新华出版社，2014.12
ISBN 978-7-5166-1395-5

Ⅰ.①呵… Ⅱ.①贾… Ⅲ.①作文—中学—选集 Ⅳ.①H194.5

中国版本图书馆CIP数据核字（2014）第301071号

呵呵，我才是我

作　　者：贾昕平

出 版 人：张百新　　　　　　　　　责任印制：廖成华
责任编辑：徐　光　　　　　　　　　封面设计：李尘工作室
插　　图：李荣昕

出版发行：新华出版社
地　　址：北京石景山区京原路 8 号　　邮　　编：100040
网　　址：http：//www.xinhuapub.com　http：//press.xinhuanet.com
经　　销：新华书店
购书热线：010-63077122　　　　　中国新闻书店购书热线：010-63072012

照　　排：李尘工作室
印　　刷：河北鑫宏源印刷包装有限责任公司

成品尺寸：165mm×230mm
印　　张：13.75　　　　　　　　　字　　数：169千字
版　　次：2014年12月第一版　　　印　　次：2014年12月第一次印刷

书　　号：ISBN 978-7-5166-1395-5
定　　价：30.00元

图书如有印装问题，请与出版社联系调换：010-63077101

引 子

本书全体编委

2013年11月30日，由北京市中学生刊物联盟发起的"'用明天定位今天'京城中学生校园刊物年度峰会"成功举办。

如果说，来自二十多所知名中学的"校园媒体人"的收获是与其志同道合之人的思想碰撞，那么，令近十位到场嘉宾深受震撼的正是这些"校园媒体人"本身。正如当日一位嘉宾由衷感叹的那样：

"想想我们这个年纪的时候都在做什么，再看看他们！"

不错，当代中学生拥有更丰富的经历，宽阔的视角，但某种程度上来说我们仍然是一代"寂寞"的人，原因有二：其一，虽然我们拥有强烈的情感和新锐的观点，但声音却很难被更多的人听到并获得共鸣，这也是校园媒体如雨后春笋般涌现的原因；其二，我们热爱阅读，但奈何读的都是托尔斯泰、鲁迅、郭敬明的故事，很少能从主人公身上找到自己的影子，由此看来，真的没有一本专门写给当代中学生的书。

因此，出版一本当代中学生自己主编的文集，展示我们锋芒初露而又饱含深情的文字成为了我们这群"校园媒体人"的责任和追求。我们的初心是让每一位当代中学生翻过之后，都会会心一笑：说的都是我。

起初，我们确定将这本书定位为一本"评论集"，期望从中看到当代中学生思想独到之处。三个月的奋斗之后，情况并不如意——这些文章所拼凑起来的形象令我们自己都感觉很不舒服。几经研讨，我们发现之前的工作过于强调了思想的独特性，从而忽视了中学生更具个性的情感生活，因此，我们又将文集定位为"当代中学生情感之书"。几个月后，我们对文集的状况仍然不满，原因是这个全新的形象之中缺少了几分棱角和冷峻。此时，我们才恍悟，理性的批判性思考与感性的自我告白本就并存于我们的成长过程中。没有任何一类文章或者一个主题可以概括中学生这样一个群体。最终，我们选择的征稿方式是将一个个问题问遍身边各种风格的同学：同龄人创作的最能打动你的文章是哪篇，不论出处、不论题材、不论……

与其说这是汇编一本文集，不如说是一群当代中学生重新认识自己的尝试。回想起生活中的种种经历，我们不禁要问："爸爸妈妈，你们真的能够读懂我的小心思吗？老师，你真的理解学生的千里之志，心之所向吗？还有其他的一些人，你们真的可以对贴给90后的标签负责吗？"如果这些答案都是否定的，那么这本文集将是中学生为自己的一次正名：《呵呵，我才是我》。

当然，这项任务并不是小菜一碟。且不说仅凭几个学生如何能平铺人脉、广撒渔网"渗透"到如此之多的学校中顺利征稿；也不说在有同学每天只能使用半个小时手机的情况下如何保证跨校工作交流的畅通；更不用说这些"英雄们"如何在期末考试、出国考试、高考的狂轰滥炸下与他们的家长、老师斗智斗勇，抗住压力按时完成任务；单是在经历花季的失恋之后咬紧牙关，重振旗鼓，互相安慰，视文集为"真爱"而保证进展不受情绪影响，就需要巨大的勇气。支撑我们走过一切的只有一个信念：我们想为自己出本书，出一本写给自己的书。

在此，请允许我们在引子最后表扬一下自己。首先是本书的七位编委会成员，他们花费了大量的时间和精力，贡献了超人般的创意，是本书选编工作的中坚力量。他们是：

北京市十一学校	贾昕平
北京师范大学附属实验中学	李泰然
北京师范大学附属实验中学	鲁逸雯
北京市第二中学	孟繁哲
中国人民大学附属中学	苏颖乐
北京市十一学校	王学思
中国人民大学附属中学	宗毅遥

同时还有大量的朋友，作为当代中学生的一分子为实现我们共同的愿望贡献出自己的力量，他们是：

北京市十一学校

陈佳怡

陈　琬

冯昕旸

郭　艺

姜晗雪

李荣昕

李元杉

刘　洋

莫祥雯

王伟权

呵呵，我才是我

一本当代中学生写给自己的书

许志伟

赵胤光

中国人民大学附属中学

冯芸颖

李旻昊

徐曼迪

张潞潞

朱　格

北京市第四中学

马宇涵

汪淙钰

北京市第二中学

韩天霖

周牧云

北京师范大学附属中学

程一凡

于雪菲

李松宸

北京市育英学校

薛　泽

周一诺

北京大学附属中学

郭馨蕊

傅玺谕

北京市一零一中学

梁天骄

骆江源

李　夏

北京市第十九中学

刘晓萌

甄　煜

北方交通大学附属中学

文艺漾

张卉坤

首都师范大学附属中学

郭嘉玮

清华大学附属中学

赵毓瑾

北京师范大学第二附属中学

梁书洁

北京市第十二中学

刘绮薇

北京市第八十中学

刘宇珩

北京市八一中学

吴紫墨

另外，我们还收到了来自以下学校同学的投稿，虽然由于版面原因无法最终收录全部优秀的文章，但在此也一同向那些关注着本书成长的朋友们表示敬意：

北京丰台二中

北京理工大学附属中学

北京市171中学

北京市陈经纶中学

北京市第八中学

北京市第五中学

北京市汇文中学

北京市景山中学

北京市潞河中学

北京市牛栏山第一中学

北京市私立汇佳中学

当然，仅凭我们自己的力量无法让这本书足够完美。有这样一群人，他们爱当代的中学生们，愿意竭尽所能帮助他们实现愿望，我们愿将最诚挚的感谢献给他们：感谢十一学校李希贵校长的持续关注，您的认可是对我们极大的鼓舞；感谢十一学校媒体与出版中心的李茂、杨雄二位老师，你们一贯的支持与理解为我们发挥创意，实现梦想搭建了广阔平台；感谢新华出版社编审徐光老师的倾心帮助，您慈母般的笑容是对我们最大的鼓励，如您所说，一切都是因为"今生有缘"；感谢源创教育研究院院长吴法源老师，您在一年前出席刊物峰会时对出版校园刊物合集的想法极大地启发了我们，并再一次证明了您的远见卓识；感谢孙婧妍学姐和李荣昕同学，孙婧妍学姐从前期出版思路的探讨到后期章节引言的撰写都以一个前辈的身份给我们提供了大量帮助而李荣昕同学

呵呵，我才是我

一本当代中学生写给自己的书

作为插图作者为本书绘制了五幅风格独特的插画，你们的才华让所有作者们的文字更加闪耀。

　　幸运的是，这本征稿范围遍及北京市28所知名中学，收录了40篇出自当代中学生之笔的文章，项目近一年时间跨度，由十余所学校共计40余名在校学生进行选编工作的文集，最终平稳地被你捧在了手中。

　　如果真的有一本专门写给当代中学生的书，这就是毫无疑问的答案！

目 录
contents

呵呵，我才是我

一本当代中学生写给自己的书

第三章　身体和心灵的路

第四章　横眉冷对千夫指

第五章　生命不息，探索不止

呵呵，我才是我

—— 第一章 ——

要说时下流行的一件事，恐怕就是给青春加形容词。

老年人泡着一壶茶，眯了眼说，拼搏的青春、朝气蓬勃的青春；夹着公文包行色匆匆的上班族说，遥远的青春、忙碌的青春；坐在电脑前的作家想了想，感叹道，啊，张扬的青春、疼痛的青春；菜市场买菜的大妈一撇嘴，我现在只想买点香椿，哪有那闲工夫想青春——哦，这里没有形容词。

不管外人如何说，有意思的是，青春的主角们却鲜少参与这对青春的定义。在十几岁的少年眼里，青春不需要注脚，青春就是他们的当下，是他们每一刻每一天的鲜活人生。早晨起来在镜子里发现的那颗痘痘是青春，在班里和同桌吵架是青春，和喜欢的人假装刻意地擦肩而过是青春，而接连不断的试题、坏掉的教室风扇和班主任凉鞋里的肉色丝袜，也统统都是青春。

有人说，我们这一代人是迷茫的一代。仔细想这种说法也有些道理：小时候，我们看到的是80后的世界；现在长大了，却惊觉这已经是00后的世界。90后似乎存在于一个断层，地位就像有三个孩子的家庭里的老二一样，不是压力最大的、也不是最受包容的，就这样按照自己的心愿生长着。

这种特殊的社会定位，养成了我们这代人特殊的性格。大部分90后都没有站到社会金字塔顶端的强烈欲望，也没有向长辈或其他什么人撒娇的习惯，我们默默地找到自己喜欢的东西，然后一头扎进去，为之付出、为之奋斗、为之撞墙却还是不回头。"要对得起自己曾经吹过的牛"，这种心态，支撑了很多这代人的成长。五光十色的外表下，一颗年轻的心灵无论何时也不会放松对自己的要求，它只会用力地跳动、再跳动，不知疲惫，也不愿受束缚。

因此，在屡屡被外界批评为"没有责任感"、"贪图逸乐"时，不难理解这些青春主角的愤怒和委屈。他们确实有权利也有资格在心里对这样的评价说一句——你懂什么？

写给过去的自己

中国人民大学附属中学　张驰

2012年1月14日

——我常常想，如果小时候的自己能知道未来的样子，大概成长就不会那么累。所以我说，我要在时光的这端写信给你。

亲爱的8岁的我：

别急着长大，慢慢来，慢慢来。成长的路，应该很长很长，你要走得很慢很慢。

你知道吗，我一直都想回到你那时去。你大概听不进去我说的话，看不进去我写的信，但是我有好多好多话，必须告诉你。我想陪在你身边，教你长大。

这时候的你大概过得很困惑吧，我记得。就像夏达说的："'欺负不受欢迎的孩子'大概只是日常游戏的一种，谈不上有多大的恶意，但被欺负的孩子还是会疼的，会非常疼。"我清楚地记得那时候的你有多么讨厌上学，在课间时有多么沉默。

在大家都吵吵嚷嚷地跑出去跳绳、踢毽、抓人的时候，你默默地坐在座位上，从桌子里拿出一张白纸，不停地画啊画啊，画你脑海里的故事。

有个你讨厌的女孩突然过来，指着你："过来玩儿，给我们捡毽子！"不知道你那时候的个性有多么别扭，你会拼命忍住想哭的冲动，然后默默地站起来，把画塞回桌子，从她身边走过去，顺便重重地撞她一下，然后捡起毽子，再狠狠地丢到她的身上，瞪着她说："你满意了吧！"而这样做的结果是，她哭了，你被一群人围住，他们指着你，对你说："你道歉！"你倔强地不肯哭，低着头，咬着嘴，撇下一句"对不起，行了吧"，然后再在一片"有你这么道歉的么"中转身回到教室去。

那时候，你愤愤地用笔画着一个受人欺负的小女孩最终成为英雄被大家景仰的故事。好像你是用眼泪在画，所以画画的时候你从来不哭。

那时候，你画着画着，总会抬起头来，盯着同小区又同班的她的笑脸，然后想：为什么我不是她。我想成为她啊。

宝贝儿，我想要告诉你，别难过。你知道吗，长大之后，你几乎都忘记了当年的自己。初中的你拥有一大群朋友，高中你的拥有一大群比朋友更铁的死党。不光是这样，你还会在学生会工作，还会拥有几十个人的社团。

宝贝儿，我偷偷告诉你，长大之后，会有孩子发短信给你："学姐，你怎么做到的，可以有那么多朋友？"还会有人说："好崇拜你。"你会欣慰得不得了，因为你知道，这些都是你一点一点，在成长的过程中慢慢学会的。

你会慢慢学会和人相处，慢慢懂得你为什么会受到欺负。你在关心着"老师喜不喜欢我"还有"同学是怎么看我的"，这无可厚非。但是，宝贝儿，你千万不要再以为在老师面前变成一个乖乖孩子或者打小报告就会被老师偏爱，也许是这样，但是，你会失去朋友，那其实是更重要的东西。

我还记得有一次，班里有一个女孩子哭了，你盯着她被一群人围住，愤愤地想：为什么她哭的时候有那么多人安慰，我哭的时候只能一个人把眼泪吞回去？我想告诉你，这样的想法就是没有人关心你的原因啊——在同学哭的时候，钻进你脑海的是这些乱七八糟的想法，而不是一个最简单的问题："她怎么了？"

你要明白，与其在意"同学是怎么看我的"，不如去在意"同学怎么样了"。因为每个人都有难过的故事、痛苦的经历，你永远不会是最困惑的那一个。宝贝儿，早一点去关心他们吧，早一点变成一个体贴的人。这世界上没有坏孩子，你必须永远记得，你身边的每一个人都很好很好。

还有，要变得坦率。犯错误的时候，维护那一点可怜的尊严根本没有用，道歉才是最好的挽回方式——当你明白之后，没有人会再欺负你的，因为你会成为现在的我。

来自8年后的你

亲爱的10岁的我自己：

别躲在被窝里胡思乱想了。你居然傻乎乎地想要在家里翻出一张离婚证来证明父母之间的问题。就算看到了那些，你又能改变什么呢？宝贝儿，我不忍心看着你回到家偷偷难过。你一直都是一个倔强的笨孩子，所以你把所有的伤心都憋在心里，想不明白的事情也偏要去想。你对于一些事情察觉得太早，让美好的童年太早变得黯淡。

有些朋友看着我，对我说："我真心疼你。"其实我最心疼的，是6年前的我自己，也就是你。长大之后，还有更多需要承受，你没必要那么早就开始担心这些的。你啊，想要成熟想得太早。

别急着长大，慢慢来，慢慢来。成长的路，应该很长很长，你要走得很慢很慢。

有好多没心没肺的日子，你还没来得及享受，就已经投入了生活的挣扎。我想去见你，在你把自己蜷成一团的夜里抱一抱你。

在别人都有人陪伴的日子里，你是不一样的。但是，宝贝儿，我想告诉你，这是一种很宝贵的财富，你别埋怨，要好好经历，然后好好珍惜。你知道吗，6年后的你变得比身边的人都要坚强，都要独立，长大的你可以独自承受生活的一切，可以开开心心蹦蹦跳跳，一碰到枕头就睡着。只有这样的人，才能微笑着从容不迫地行走在这个世界的风雨里。

宝贝儿，学会独自一个人坚强起来吧，我知道过程跌跌撞撞，但长大后的你会明白磨难是怎样的珍宝。

来自6年后的你

亲爱的12岁的我自己：

刚刚进入青春期的你，你好。身边的女生都在为"喜欢"烦恼，你明明没有喜欢的人，却依然带着无尽的青春的烦恼。看见那个最让你讨厌的女生在QQ上网恋，被17岁的大人喜欢，你一边嘲笑着她的幼稚，一边又在暗暗地想：为什么这么讨人厌的女生也有人喜欢？

噗。既然知道她是幼稚，又何必去羡慕她有人喜欢？——你大概会反驳我，"我才不羡慕有人喜欢她"，没关系，你只需要在心里承认就好了。

六年级的小学生是浮躁的。你看见班里有好多女生故意把肩带露出来给男生们看，你看见男生们追在女生身后掀起她们的裙子、揪下她们的肩带，你看见女生一边骂着"讨厌！"一边发出满足的大笑，欲拒还迎。你却默默地坐在桌边，不停地画啊画啊，画你脑海里的故事。

你在画着一个被欺负的小女孩成为校花，被各种男孩子喜欢的故事。

一方面，你羡慕那些被喜欢的女孩，另一方面，你又在故意疏远着你在别的班那个青梅竹马，因为你害怕被同学们八卦。宝贝儿，别傻了。12岁啊，还太早。

别急着长大，慢慢来，慢慢来。成长的路，应该很长很长，你要走得很慢很慢。

你看着扎着马尾长着清秀面容的她，依旧不停地想，我要是她多好，我想成为她啊。你别担心自己没有魅力，那是因为你积累的时间比别人要长。几年之后，你也会被优秀的男孩子们表白，你甚至还会因为被表白而苦恼。所以，别急啊，在你还没有成熟的爱情观的时候，不要为爱情而烦恼。是不是没有办法抑制渴望被喜欢的心情？我告诉你，几年之后，16岁的你到了该谈恋爱的年纪，反而对爱情没有太大的兴趣。生活中有太多有趣的东西，等你慢慢长大，世界也会慢慢变大，你会觉得爱情只是那么小的一个部分而已。

而你偷偷羡慕了4年的她，长大之后依然是你最好的朋友。你们去了同一所中学，有各自的生活各自的朋友，再和她一起回家的时候，想起来，你会嘲笑自己的幼稚——为什么要羡慕她呢，她很漂亮，人很好，有一大群朋友，但是你们有各自的美好。长大后的你一样会被喜欢，一样会被崇拜，一样可以有一大群朋友啊。

只是时机还没有到。

别太心急了，宝贝儿，慢慢来。有些人闪光闪得很早，有些人却在童年里黯淡得像一棵小草。相信我，等有一天你回过头去看，你会忘记所有的磨难，只惊异你已经积累了那么多宝贵的经历。

我回过头去，看见你跌跌撞撞地前行，只想陪在你的身边，教你长大。别怕，憧憬一下未来吧，要知道，长大后的你一定会让你满意，甚至远远超过你的预期。

来自4年后的你

写于2012年　16岁

精神分裂者的自白

北京市十一学校　陈笑安

陈笑安今年是两个幸运的人。

一

陈不笑出生了。

陈不安出生了。

陈不笑只要看到喷气飞机就能有野心实现。

陈不安每次看见喷气飞机时都能和命运老头对话，他可喜欢满足她的愿望了。

陈不笑总有实现不完的野心，他的生活充满了各种欲望和成就感。

陈不安总有消耗不完的激情，想到什么就去做什么。

陈不笑每天只有不到一小时的学习时间，结果动不动还能上个平均分当个单科前十什么的，有时还能拿到奖金。

陈不安每天只有不到一小时的学习时间，但只要写完作业上课好好听讲，老师就能很高兴，幸福极了。

陈不笑刚刚正式画了一年，想感受一下艺考时，就有大学某专业的院长在面试时让他亲口承诺一定要上这个大学。有的艺考生复读了三五年，成天闷在画室里猛攻，也没有大学可上。

陈不安觉得自己画得可烂了，但在某大学艺考面试时，那些考官对她的思想和画面的风格又赞赏又鼓励，院长还让她亲口承诺一定要报这个大学，要不然就收拾她。

陈不笑上了中学就几乎没有什么公开唱歌的机会，却在夏天的校歌赛上和Q幸运的进入决赛，而且是组合的最高分（虽然至今还没这个奖）。

陈不安终于在校歌赛上诠释了自己所理解的友谊。各种变装表演好爽的！

陈不笑二月份——速写刚坚持不停地画六个月时，在地铁画速写，就得到了第一个卖艺挣钱的机会。

陈不安二月份在地铁画速写时，遇到了愿意把写了十年的书的插图任务交给自己的老爷爷，很高兴。

陈不笑暑假时就有人直接出价要画，他嫌钱太少没卖。

陈不安暑假时就有人直接出价要画，只不过那幅画的纸紧贴着速写本的纸壳卸不下来。

陈不笑经过一番！@#￥%……&*后，于老师看到他自习课在外头画画居然不骂他了。

陈不安经过一番！@#￥%……&*后，于老师看到她自习课在外头画画居然不骂她了。

陈不笑的漫画《气候变化》收入德国画册，并在网站发表。

陈不安的漫画《气候变化》终于又带给了许多人以思考。

陈不笑每次出去玩都有无限的机遇。小学段的一天独自去香山写生，结识了一位自称是莫言朋友的某艺术人才公司的大叔，并得到赏识。今后步入社会想必又容易了一些。

　　陈不安每次出去玩都有无数有趣的事情。小学段的一天独自去香山写生，碰到了个超级有趣的大叔，他什么都知道，还把她领到香山一个视角最好的地方，高兴坏了。

　　陈不笑有次本想出远门速写，结果刚走一半手机就被偷了，瞬间一点也不想画了。他随便拐进一个公园想大哭一场，一只害羞的小猫看到他哭了就使劲地去蹭他，他高兴了又能画下去了。

　　陈不安有次本想出远门速写，结果刚走一半手机就被偷了，加上一系列不高兴的事情，她感觉很无助，拐进公园想大哭一场。老人走过来安慰她说，一切都会过去的，小孩使劲走向她，为了确认大姐姐是不是哭了……一只本躲着她的小猫看出了她的无助，使劲地蹭她，她很温暖。所有的烦恼一下子都没了。

　　陈不笑冷漠，自私，功利又自傲。

　　陈不安无知，乐观，善良又鬼搞。

　　陈不笑不喜欢陈不安，如果没有陈不安的随心所欲，没有陈不安的捣乱，他便早就能满足更多的欲望。

　　陈不安不太理解陈不笑，她只知道，陈不笑大哭时只会有自己一个人去安慰他。

二

　　陈不笑忍受不了说他幸运的人，他认为，没有亲历过他的孤独、痛苦和疲惫的人没有资格评价他。

　　他本以为可以把画画和学习同时把握，他做到了。但付出的代价是熬夜，或者说是心脏病。于是他必须选择放弃学习。对于自尊心很强的他，这个选择意味着又要装出傻笑来面对众人对他本可以提高的成绩的奚落了。同学们讨论题，他也想参与，但他只能承受着寂寞抓紧时间画自己的画。每天都要克服自己想学习的欲望，强迫自己呈现出一副才不要学的样子，才能勉强做到。有时面对自己的分数很难不痛心，老师经常关心你、相信你，而你连唯一回报的机会都不能抓住……这应该是正常高中生都找不出来的一种经历吧。

也很难再找到一个普通高中的学生可以一下子去买五十个速写本，一天也不停地在一年半内画完。很难找到一个艺术生，坚持每天拿漫画去记日记，就是你们看到的我拿着一桶或者两桶马克笔吭哧吭哧画的那个，每天记录最感动或是最有趣的事情，经常画三四个小时也画不完。坚持了半年多。

面试考官们看到了他笔法幼稚没什么造型能力的漫画日记没有一点批评而是连连叫好还是因为运气么？

你所能看到的画漫画的人大多都用着最日本风格的形象讲着最没有营养的故事，而他认为漫画的思想性永远要大于画面的唯美性。那些用着同样工具、画着同样卖萌的小妹子啊或者同人啊什么的画者，即使技术再精湛，也不过是他人的模仿品罢了，千人一面华丽的风格和无关痛痒的故事有什么意思？在画室也好，在学校也好，这种画者比比皆是。

所以他被国外的漫画家选中还是因为幸运么？

他在学校任意一个角落，每一次乘地铁时，体育课，坐在路口，在山上，在国家大剧院，在房顶，在逛街时……抓紧每分每秒画着速写。

在老太太威胁说你再画就告你侵犯大家肖像权时装没听见，等他画完后为了让他女朋友觉得他很厉害使劲说一句"弱爆了"时接着毫不受影响地画下一张，在某某老师罚他一天不许画画时大声喊出"你不配做年级主任"，把她怔住，在面对一圈一圈的观众和胡乱的指点时做到内心平静，在明知处于瓶颈期绝对画不好时还要逼着自己充满信心，在看

013

第一章 呵呵，我才是我

着那些文化课300+的同学平常不怎么努力却不断地秒杀他说他的风格考试也就考零分还是别画了时只能摆出傻笑……

那他的速写最终打动评委还是偶然的么？

三

幸运到底是什么，不是最上面陈不笑和陈不安的对立，也不是陈不笑装在月牙里的苦水。而是——

"站起来"。

没有浪漫气息的悲剧是最本质的悲剧，不具英雄色彩的勇气是最真实的勇气。没有理解你成长的观众，只有看笑话和看热闹的过客，没有从绝望中救你起来的救星，只有你不肯让自己倒下，站起来，站起来，站起来！

不仅是继续擦干眼泪开始画画，而是刷新自己，让自己保持原有的激情和纯度，继续大胆地去尝试，去接受痛苦，去享受失败。没有被苦难压倒是最大的光荣，不被摧毁于压迫是最大的智慧。

陈不安最大的优点恐怕是——永远摔不碎。再大的挫折，不过一会都会抛到脑后，她还是原来那么开心，还是原来那么乐观。这何尝不是最大的幸运呢？

请你一往无前

小学六年你头上一直带着五颜六色的发箍，露出大大的脑门；笑起来大大咧咧露出不完整的牙齿不顾形象；走路摇摇摆摆昂首挺胸。

每周一你穿着校服认认真真一字一句地唱国歌敬礼，你以为戴红领巾是这世界上最光荣的事情，肩膀上白底红字的几道杠是至高无上的荣耀。

体育课上男生女生手拉手玩贴人、丢手绢，你说你和同桌的小强玩得好长大以后要嫁给他。

因为小红不给你吃她的大白兔所以你恶毒地想一辈子都不跟她做好朋友。

老师罚你抄写罚你值日你瘪瘪嘴挤出几滴泪水然后乖乖地去做，回家路上哭得一把鼻涕一把泪但一进家门看见满桌子零食立马把老师忘到九霄云外。

老师让你写作文，"我最喜欢的一个人"，你就傻乎乎地写了班里的一个男生，全班跟着起哄你却不解其意。

周末你打电话给家附近的小朋友然后男生女生一起去某个人家里玩过家家玩捉迷藏。假期作业拖拖拉拉到最后几天才写，实在不行拿过张三李四的抄抄也没关系。

你觉得自己是公主，你觉得你和别的小姑娘不一样。

即使爸爸妈妈对你很好你也会臆想自己是灰姑娘被父母虐待然后等待王子来解救你。

你喜欢穿五颜六色的花裙子，冬天雪还没化你就急着把裙子都拿出来，春天刚到你就迫不及待地穿着白裙子飞到外面的世界。

你逛商店只想看巴拉巴拉派克罗帝芭比娃娃，妈妈一试自己的衣服你就撅起嘴生气。

爸爸出差总给你带礼物，这次是积木，下次是拼图。

你考试总拿100，偶尔考个98会难过得不想吃饭。

你班上一共33个人，年级一共四个班。你只认识自己班的同学，有的人的名字你甚至都不会写。

你看见高年级的哥哥姐姐们谈恋爱搂搂抱抱会紧张地闭眼，然后握紧小拳头对自己说，以后才不要做这种坏学生，早恋是最可耻的事。

期末评不上三好生会趴在桌子上如丧考妣地哭一场。得不到的东西只要你大吵大嚷跟妈妈撒娇都能拿到。

你不开心了就张开嘴哭，你开心了就一蹦三尺高忘记了一切。

你迷迷糊糊地经历了毕业考试全市大派位，然后分到了一个从来没有听说过的学校。然后大人们就会在饭桌上摸摸你的头说，孩子长大了，成了初中生了。

你不明白初中到底意味着什么，你只是知道，自己好像和以前不太一样了。

然后你经历了第一次毕业进入初中。

初中报到那天你见到了许许多多和你差不多高叽叽喳喳的小朋友，你们很快就熟络起来嘻嘻哈哈进了教室。

第一天发的课本比小学六年发的课本都多，你当时只是想，这么多书，包书皮要包到哪一天为止啊。

班上有那么一两个懂事的早熟的女生，开学没一个月就宣布自己和班里的帅哥一号二号谈恋爱。然后你开始绕着她们走，你觉得她们坏。

体育课开始分男女，老师凶得要命，再也不是小学那种打打羽毛球自由活动混混就过的日子了。

第一次跑四百你累得半死，然后躺在操场上不争气地哭了。

第一次月考出了年级排名，你第一次知道这世界上还有排名这么个名词。考完试无论成绩好的还是成绩差的大家都对考试内容绝口不提，继续勾肩搭背去操场上疯啊闹啊。

后来你开始喜欢看小说，花火公主志，常常会偷偷在上课时躲在桌洞里看。书里描写的校园里樱花少女卿卿我我的场景你压根就没经历过，看着看着脸上就烧得发红。你会幻想，自己是书里的主人公。

你喜欢和同桌传纸条，被老师逮住了就嘴硬说没有。

你考试会把答案写在橡皮上，趁老师不注意的时候拿出来看看。

在食堂吃饭会让师傅多打点肉，一下课就跑去买零食。

现在你们班一共50人，年级里10个班。和小时候不一样，你每个班都认识几个人。

某一天课间操你忽然发现隔壁班的某某穿了一件白衬衫很好看，阳光打在他身上而他笑起来很爽朗，而你甚至都不知道他叫什么，你就说，我喜欢上他了。

渐渐地你开始学着打扮自己，你把发箍摘下来去剪了齐刘海，妈妈吐槽说你的头发像马桶盖。

你开始刻意地接近那些你曾经厌恶的那些女生，和她们做朋友，和她们聊天，聊那些所谓的爱情。你也成了别人眼里的坏女孩。

你不再像以前一样不顾形象，走路双手会放在身体两边，笑的时候会用手捂住嘴，吃完了饭会用纸巾擦擦嘴角。

你不再往手上涂涂抹抹，你开始在意自己穿的衣服是不是干净。

衣恋only淑女屋A02，ZA可伶可俐zara里美，你给自己涂上指甲油防晒霜，你想被别人喜欢。

然后年级里有个男生跟你表白说喜欢你很久，你明明很紧张却依旧装作镇定。贴吧上有了讨论你的帖子，你总是一个人看很久，别人提起时你却装作不知道。

你开始学会轻言细语地说话，会和男生开一些不轻不重的玩笑。有时候你也会哭，然后半个班的女生都过来安慰你。

你自以为你喜欢的那个人也喜欢你，然后把他命名为你的初恋。你在课本上写一些零散的诗句，好像很文艺，其实都是看课外书抄来的。

班里总有那么几个捣乱的男生一上副科就打打闹闹把屋顶掀开，你觉得坐在后排的男生个个都很幽默。

你有了闺蜜，有一个可以陪你一起哭陪你一起笑的姐们，有人说你们每天腻在一起像不像同性恋。

其实别人不知道，你和她有段时间也差点闹崩，总不过是女生之间那点稀稀拉拉的事。

还有个女生原本和你关系很好，但是班里你喜欢的男生喜欢她，于是你们俩就搞得很别扭说话都带刺。当时你不知天高地厚，你说，我看上的男生，谁动谁死。

后来和那个男生之间也不了了之，和女生的关系也渐渐好起来，不像以前那样剑拔弩张。

初三在兵荒马乱中来临，一向不努力学习的你也明白了在这个世界上只有你自己能帮自己长大，别人无论说什么做什么都不能帮你找到未来。

后来的几次考试你居然一下子冲进了年级前二十，然后一次比一次考得好，一模居然考了年级第一，然后你签约，比别人提前一个月放松。

你开始变得骄傲，口气里带着桀骜不驯和高人一等。有人说你是女神。

你上台领奖的那天台下许多人都冲你笑，但是你不知道那些人是脸上笑着心里却在对你说，怎么不去死。

有人对你说，真羡慕你啊长得又好看成绩又好，这个世界怎么这么不公平。

有人对你说，其实你也很累吧，美人儿啊才女啊的背后你是不是也很辛苦。

有人对你说，我们都选了不同的路，只有你选了最辛苦的一条。

班里有成绩好的女生开始暴露出自私的嘴脸，不借你笔记，不跟你讲题，然后你下定决心以后一定要超过她。

所有人在利益面前都丢掉了伪装剩下了本来的丑恶面目，在一起的最后两个月里你们并没有好好珍惜而是在背地里咒这个骂那个。

看到小A加分小B保送就恨得牙痒痒，然后用尽一切能想到的词来骂他。

中考考场里很安静，六月的天蓝得不像话。

之前的那一年你把全北京市的题都做了，东城西城朝阳海淀，甚至连湖北荆州上海的题都不放过。准备了那么久的考试，真正来临时却迅猛得自己都来不及看清。

最后一场英语考完的时候你还揉揉眼睛怀疑是不是自己做了一个梦，现在梦醒了，自己却还沉浸在梦中。

你顺利地进入了自己心仪的高中的实验班，和闺蜜和所有人分开。

当时你自信满满地说，我要上清华北大，我要继续辉煌下去。

拿毕业证的那天你鼓起勇气对老李说，老师我能跟您拥抱一下么？然后他站起来轻轻地抱了一下你，自己擦了一下眼角。他对你说，常回来看看。

董老师说你是她最喜欢的学生，这三年来和她坎坎坷坷不容易。

你擦干眼泪回家，下午和同学出去玩被人骗了300块钱，你却满不在乎地说，就当是我长大送给这个社会的礼物吧。

上了高中，军训在一起十天你和班里同学还没有认清，却和教官打成一片。

教官没什么文化，但一天晚上单独和你聊天告诉你一个道理，这世界上有两种爱你的人，第一种会对你很好，第二种会不停地欺负你。

你和一个教官吵了一架哭了一场，和另一个教官打打闹闹他给你介绍男朋友。

现在班里36个人，人人曾经都是各校的尖子生，拘着架子不肯放。

年级里一共九个班，你每个班都有老同学，几乎能叫出来年级里所有女生的名字。

后来你在班里做自我介绍，别人都说自己钢琴十级啦绘画书法样样都会，而你却缩手缩脚地对大家说，我什么都学过一点但是什么都不太精。

新学校里不乏美女，你一进去就淹没在人群里。成绩不算好，班里中等摇尾巴。

你上高中没几天就发烧一个星期天天去医院，你说长大了怎么比小时候还麻烦。

现在的你不一样了，高兴的时候会哭，不高兴的时候却咧着嘴笑个不停。

现在的班级不一样了，你自习课在班里哭得喘不过气，同桌都懒得抬头看你一眼，你只能自己掏出纸擦干泪水。

现在的同学不一样了，你看着你曾经的闺蜜又找到了新的挚友，你不开心嫉妒了吃醋了，因为她的生活里没有了你。

你开始像迟暮老人一样回忆感慨，这时间过得可真快，明明好像自己还是个小孩，一眨眼却发现一切都不同了。

你忽然跌入深渊，但又被高高抬起。你开始自怨自艾，妄自菲薄。

你不再奢求考100，你觉得自己数学能及格都谢天谢地。你考砸了不再流眼泪，而是淡定地收起卷子继续做题。

你忽然明白了一个道理，逆境是常态，顺境是福气。

你常哭，总是坐在那里一个人想着想着就红了眼眶。你觉得自己不争气没骨气。

你变得敏感多疑，总觉得父母怀疑你不相信你。你变得刻薄世故，你知道在学校只有喜欢拍马屁巴结老师的人才能混得开。你变得冷漠迟钝，对身边的亲情友情都冷淡了下来。

你开始喜欢看电影。泰坦尼克号里一位船客说，爸爸在下一趟车，宝贝你先下去；失恋三十三天里面两位老人生离死别。

你觉得电影里的世界比真实的生活干净多了，没有那些恶心的世俗的东西。

老师骂你教育你，你开始在背后和同学一起骂她更年期。

你每天晚上学习到凌晨，终于在期末考试里扬眉吐气。

你学会了低调，因为你终于知道作为失败者面对别人冷言冷语却无力反击的那种痛苦。

你渐渐喜欢和男生打闹聊天，因为他们比女生简单多了，没有斤斤计较小肚鸡肠。

有不同的男生跟你表白送你东西，你总是看看就忘了，丝毫没有了第一次听别人说我喜欢你时那种脸红心跳的感觉。

你烫了头发染了指甲把自己洗得干干净净，却依旧觉得自己哪里不好。哦，你忽然明白了，你觉得自己被世俗气沾染，浑浊不堪。

叔本华说，一个人要么庸俗，要么孤独。

你选择了庸俗。

你在书上看到了这么一段话。

彼时我们穿着廉价的棉布衬衣，却依旧显得英俊挺拔。现在我们各自散落天涯，早已被这个看似平静的世界以不同的方式打败成凡俗模样。

你渐渐认同曾经嗤之以鼻的观点，不知不觉降低了笑点泪点。

花开不同赏，花落不同悲。欲问相思处，花开花落时。

既然已舍，可否不忘？当千秋花落，我为般若，何物是我？

你开始相信佛教，开始相信基督。你背《般若波罗蜜多心经》，你背许许多多稀奇古怪的咒语。

你渐渐忘记了初中的个别人，偶尔听人提起时会愣在原地想一会才能记起来他原来曾跟你同学。你跟别人聊天提到老同学说起他们的名字时会觉得拗口，听起来就像是一个从未谋面的路人。

和老朋友聊天开始冷场，常常是问了几句，你在哪个学校呢？现在怎么样啊？有男朋友了没啊？你在干吗呢？之后就再没了话题。

你开始抱怨成长，喜欢听老歌，喜欢独处。

偶尔在大街上听到大甩卖或者折扣店门口放的歌会忽然想起许多初中的典故。

你喜欢听的那几首歌，每次听的时间长了就会想起许许多多的人许许多多的事。

——记得要忘记，十年，传奇，素颜。

你开始往杂志社投稿，投了许多次每次都无疾而终。明明费了很多心思写的，自命不凡，却总被打击得体无完肤。

你明白了许多，你看懂了许多，你失去了许多。

你开始有毅力半个小时背完一整篇《赤壁赋》，把新概念二从头到尾都背下来。

你喜欢看喜剧，《家有儿女》、《武林外传》，但都是些老片儿。你很少上QQ很少和别人短信聊天，你觉得发短信浪费钱毁眼睛。

你不再特意打扮给谁谁谁看了。你又做回了原来的那个随心所欲的自己，那个一高兴起来就没了分寸放开嗓子大笑的自己。你希望自己能长胖一点，但是总是吃得很少或者无论怎么吃都胖不起来。你不喜欢奶油小生，什么张根硕尼坤李敏镐统统不喜欢，你喜欢《亮剑》里的李云龙。

过年时给你压岁钱的少了；在公交车上让座小孩子会甜甜地对你说，谢谢阿姨；偶尔碰到爸爸的同事他会打量打量你问你，二十几了？

别人都说你长大了，可你却还固执地认为你是个小孩。

你在妈妈面前撒娇爸爸面前撒泼，但低下头却发现自己已经是一米七的大个儿。

你原来以为全世界都随你胡闹任你差遣，你理所当然地以为别人应该对你好喜欢你。但是你经历了许多之后忽然明白了，这个世上没有那么多理所当然，你要懂得付出懂得回报，这才是一辈子。

你明白有的人表面对你笑心里却在骂你，你懂得有的人嘴上骂你心里却深深地爱着你。你知道有《道貌岸然》这个成语。

你很喜欢一句话，回忆是个骚货，当你已经决定忘记的时候它就会不知不觉地再来挑逗你一下让你欲罢不能。

第一章　呵呵，我才是我

你穿雪地靴带绒绒毛，你衣柜大都是冷色调蓝灰黑的衣服，你不爱穿裙子，你关注自己小腿是不是足够好看，你会在自己不开心的时候写各种各样的文章消遣，你放下了言情小说而喜欢看世界名著。

天还未黑，云怎敢灰？雨还未下，风怎敢吹？

你身上带着一个女屌丝的梦想，想要变得足够好。生而为人，你想好好地看看这个世界。你相信光明相信希望。

星垂平野阔，浩渺天地间，请你一往无前。

7点30分，16点12分

北京市十一学校　　徐子晗

正心

南红英老师在语文教室外面的板报栏里贴上了解缙的一副对联：

"墙头芦苇，头重脚轻根底浅；山间竹笋，嘴尖皮厚腹中空。"

起初我毫无反应，事情就这样过去了。

但后来慢慢想懂，原来南老师警醒的是我，是你，是每一个人。

于是我给它加上横批："照照镜子。"

我搬来一面镜子，每天照一照。

7点30分

"当事实越残酷，你会越感自卑和渺小，因为你的傲慢来自你的无知。"

我是一个又傲慢又单纯的人。

"貌似成熟的外表下是一颗长不大的心。"沈静老师曾经这样评价我。大概是因为我很任性而常常又十分孩子气，总喜欢去做那些让自己开心的事情，习惯性地把不喜欢的工作推到一边。我记得上一篇文章里将自己的特立独行和非主流褒扬得淋漓尽致，而时至今日，回想起来却只觉羞愧。

在我散漫逍遥之际，你夜以继日，只是一心一意奋力拼搏。

在我呼风唤雨之时，你淡然无求，只是一履一步踏实前行。

在我自以为是之日，你宠辱不惊，只是一点一滴凝聚力量。

曾经的我对你嗤之以鼻。

或许几次迟到不算什么，或许成绩平平不代表一切，然则毫厘之差却映出一个人的意志之强弱，然则意志之强弱，决定其人生的方向。我将一次一次的告诫置若罔闻，怀着一蹴而就的侥幸，冀望于依凭朝夕的努力便能取得突破。

殊不知，日积月累，亏欠的早晚要偿还。

2014年1月，我难以面对那急转直下的成绩曲线，没有难过，没有失望，空余迷茫。

地球总是要不停地旋转下去的。你抱怨也好，痛苦也罢，你威胁着世界说要自我了断，结果却发现它没有闲情逸致搭理你，继续转着它的圈。你愤怒至极，但终究是无力的，终究要继续活下去。因此我唯一能做的，只剩下把握现有的一切。拾起散落在地的伤心碎片，坦然面对。

心不畏死，踏尸前行。

我不再奢望和臆想，我知道我应当做什么。于是我和一个同学约好了在语文教室自习。寒假里的每天早晨9点到学校一起写作业，规定只有到了12点才能去食堂吃午饭，晚上做完今天要做的事情后再回家。困了，累了，就去楼下绕着操场走上三四圈，偶尔在天气好的时候还会一起跑步锻炼。满满做了一天的功课，从心里感到阵阵的充实，尤其是当有细小的阳光流淌在纸页之间时，幸福的暖意氤氲整间教室里，我享受着两年多来不曾体验的生活。

记得正月初七的晚上，学校里寂静无人，我舒服地躺在操场的正中央，格外欣喜地看着天空，不知道是为何，那天晚上的星星如此耀眼。

心之沉平，万物皆明。

坚定信念，走下去，会有挫折，会有失败，会有茫然无措的昨日，也会有绝望至极的今天，但请相信明天的美好。只要你不抛弃你自己，上帝就不会抛弃你。

2014年的冬天很美很美，虽然多数日子天空阴沉，云雾笼罩，但是并不忧伤。

16点12分

光阴是零度的，你看不见它的冷暖，只能看见日月星辰的轮转，感受四季年华的更迭。时间只是匆匆流过，而能留下的，是人自己的故事。

一个人静静地坐在空空荡荡的教室里，默然许久，发现竟然什么也写不出来。心乱如麻，因有太多思绪缠绕，我无从下笔。忽明忽暗的夜总是平添人的愁绪，于是夜空也不再开朗。轻轻戴上耳机，听着久石让的钢琴曲。一个个名字、一幕幕经历随柔缓的旋律重现在眼前。虽然再提笔时并不那么真切，但依旧想写下真实。短短几个月的别离，逝去的日子仿佛是那样陌生而遥远。

从教导处刘艳萍、刘丽云老师，到团委赵华、戴冲、雷露老师，再到媒体出版中心的李茂、杨雄老师。从模拟联合国到学生管理学院，从学生内阁到MPC，我已超越自己未曾想到的高度，并且最终获得那些内心祈盼许久的认可。

2013年12月30日是我的生日，那一天，以我为专题的《瞰十一》杂志在校园内销售，但是我并不开心。看到自己的照片被贴得满校园都是，我在寒风中踽踽独行，开始质疑我执着追求过的东西。足够了，不是吗？你已发挥了你的所能，你已拥有他人所不曾有，还要奢望什么呢？我还在窃喜，觊觎着更多的溢美。果然，我无法静下心来沉浸在课本中，甚至无法和身边同学像往昔般相处。即便是不断尝试着压制，却也始终不能消除这躁动。

上帝总会令这世界保持微妙的平衡，他给予你令人羡慕的荣誉，也必然让你失去什么。正如前文所言，急转直下的成绩像是给了我重重一拳，把我彻彻底底地击倒在地。

人躺在地上时会有更宽广的视野和更澄明的心。我一直追问自己到底错在哪里，我以为是时间的分配，以为是考试的掌握，以为是学习的效率。最后才明白是心境的变化。

为何会有如此多的杂念和慌乱？到底是什么扰动了你的心？

我重新开始去做那些不想做的事情，钻研一道道枯燥的数学题，在书桌前连续学习好几个小时。原来我们的生命也都要经历悲与喜的跌宕起伏，也都要经历我们拒绝过的阴暗，只有这样生命才能变得完整。以我之有常面对世事的无常。心中平，世界才会平。

你一定知道，却不一定真的懂得。你总是会说，却不能真的去做。逃不开，躲不过，今生今世，我认准了这条道路，所以我愿意承担这条路上的一切苦难。天，苍苍莽莽，终将蔚蓝，只余下那仓促的脚步与义无反顾。

但是若你问后悔吗？我会回答你："当然不！"我清楚两年多来的所得所失。荣誉、奖励永远是最快散过的；而能力、视野的提高也并非社会工作带给学生的真正意义；其内在核心，是灵魂与生命的升华。从模糊到清晰，从懵懂到理智。岁月见证了我的成长，更见证了那些拥有同样理想者的成长。我知道，他们有灵魂中涌动的呐喊，有他们愿意肩负的使命，我们的社会、民族、国家、世界才有未来。

2012年的春天是我一生的转折点，我感谢我那时的选择。

尾声

2013年某一天早晨的7点29分，我在狂奔冲向学校的路上；那天下午的4点11分，我在走向团委的路上。两个遥相呼应的瞬间，我走在通往梦想的路上。

2014年某一天早晨的7点30分，我在英语教室里翻开教材；那天下午的4点12分，我在地理教室写着陌生的习题。两个稍纵即逝的片刻，我走在通往梦想路上。

我的青春涂鸦

北京市第四中学　梁晨

妹妹还未上小学，整天拿着纸在各种涂鸦，她若拿着花花绿绿的纸来问我好不好看，我得绞尽脑汁先套出她画的究竟是什么，然后才能不伤害其自尊地鼓励她对于艺术的热情。然而有时在青春这样的年纪，会恍惚之中觉得很多事情无非一场涂鸦，自己在戏中觉得无比惊心动魄，自己感觉画得甚佳，其实在多少年后，大概在眼中便成了一张拙劣幼稚的画。然而总是忍不住要画几张的，哪怕知道十几年后便是笑谈，却依旧懂得那份年华下真情的流露，或许有涂鸦的童年，才是完整的童年。我的青春，亦复如是。

上课后班，心情自然不爽。脑中一片混沌走上楼梯，左拐，全身酸懒无力，只想着赶紧上完课诸事完结便好。

如果是写一篇小说，这时候我该写：当我拐过弯的那一刻，有一种宿命的牵绊让我不由自主地回首。我想我应该没有这份浪漫，但是那个不经意间的转身，让我只感觉心一下跳到喉咙处堵住了所有的话语。

我看见他了。

同学会之后，时隔一年。

看见那人的一刻，我紧张而淡定。暗恋过谁的人大概都体验过那样的感受，在车水马龙人声鼎沸的喧嚣中，突然觉得谁的背影，谁的书包，谁红色的运动鞋，谁的不羁发型，就好像心里那个人似的。然后你疯狂跑过去，却只看见一个陌生人，你挠挠头，装作若无其事的样子走过去。我也一样，早已习惯在不知道哪个时候经历一次幻觉，习惯分析他出现的可能性，习惯嘲笑自己难以释怀的记忆。真的，就把他的身影当作年少时刻在脑海中的一张涂鸦，手法幼稚，年少轻狂，我其实可以不去太过于较真，真的。

我愣在那里，却是那人先打的招呼："哟，是你啊，也在这里上课？"

我无比庆幸自己在这两年高中生活锻炼了不少社交能力，再加上人脸识别障碍症，常常有人跟我打招呼我却还没意识到对方的身份，于是本能先于理智："嗨，你也在？上什么呢？"

"英语课，你呢？"不知所措的大脑里传来不知所措的耳朵哆哆嗦嗦的信号，原本就一团糟的逻辑更是令我放弃了整理。所幸嘴还是很牢靠的。

"数学啊。"我进入了一种奇妙的境界，全身走火入魔了一样无法控制，却依旧淡定如斯地回答一些我已经反应不过来是什么的问题。

他点点头，转身离开。

离开。

哦。

啊？

我这才反应过来，在毫无掩体的走廊里鬼鬼祟祟地跟踪，记住了他的教室号。然后一脸淡定地大摇大摆地回到了自己的教室，好像什么也没有发生过。

我掏出手机发短信："我看见'出师未捷身先死'了。""出师未捷身先死"是高中同学听见我初中暗恋那人三年试图表白未果之后给那人的绰号。

那边回一个："哦，搭话呗。"

我泪奔，有那个勇气搭话，我至于心里这朵小花苞存了三年都没得到机会绽放一下吗？

经过我多年的深刻反思，对于他的感情，应该追溯到小学运动会的时候，一群人围着他看他破自己上一年留下的校跳高纪录，他那一袭风骚的红色运动衣，不知道怎么着就印刻在我没戴眼镜而有点昏花的眼睛里了。这样意识到之后，这些年我无比后悔，为什么当初没有戴上眼镜。然而木已成舟，当在初中我承认自己喜欢那人的时候，已经不是我想抽离就可以那么简单了。那时候我的公布吓到不少同学，因为我学习好，而他还是喜欢把学习时间用到体育竞技上，他轻易能破几个跳高跑步校纪录、区纪录，我却在体育考试的优良界线艰难沉浮。我们有各自擅长和不擅长的区域，却没有交集能将我们维系。

然而其实对于一个女孩子来说，男生能否是众人眼中最棒的并没有那么重要，重要的是自己喜欢。我就喜欢看着他跑步，尤其是夏天，蓝色运动衫下的肌肉带着力量的眩感，搞得我总是担心地摸摸鼻子：还好，没流鼻血。

总感觉对于他的感情像是我用无数在内心压抑的无法用理智形容的狂热狂放画出的图案，好像不知所谓的涂鸦，就是那么没意义没有结果，却符合某种不可救药的美感。

然而我始终不敢单独和他说话。性格阳刚的我和班上所有男生混得都很铁，就是在他面前说不了一句话。

是的，直到现在。一年前的同学会，我们俩被好八卦的班主任找个由头孤男寡女扔到空无一人的办公室里看视频，我们俩统共说了三句话：

"嘿，这可乐怎么放酱油瓶子里了，这办公室的一群老师们真成。"我怂到居然是他先开口说话。

"都一个色儿，你怎么知道是可乐。"我，我，我，我不知道说什么好。

"冒泡呢。"

然后，就没有然后了。

我总觉得说什么都不合适，显得我特犯傻，尤其是他知道我平时犯傻也不在这种明显的地方犯这种傻，所以我一旦犯傻他一定知道是因为自己站在我前头，他万一跑了怎么办。

我还是什么都别说了。就让他成为一场涂鸦一样的记忆未尝不可，谁会为了孩童时期的画作去找大师鉴定呢？对于他的一切，或许只要我学会像大人一样看清很多事情，就不再执着。

他不喜欢我，我知道，否则我那样迂回而直接地通过向全班昭告我喜欢他来向他表白，在毕业纪念册上大家给我留评价，他不会用那和我特像的字迹只写两个字："爷们。"后来我在心理课舍去一张老脸让大家一起分析这几个字背后的心理状态，男生们的分析和我想的一样：若有顾念，不会如此。你看，在他眼中，我辛苦的"画作"，不就是一场涂鸦？

然而他不知道，我不在意。两个人如果只是因为喜欢彼此，而在生活上没有什么共同的涉猎和兴趣，也不会长久到哪里去。而如果我向他靠得再近一点，我怕我失去自我，所以就这样的距离，我喜欢我的就好。我只是很开心，他的笔迹和我的在班里是出了名的像，要分清得看内容，这种无法言语的小细节足够让我充满幸福感了。我仗着语文课代表的身份没收他一篇手写作文，再加上他这两个字，我已经收藏了很多他的东西了。我已经不在意他写的是"爷们"了，我希望他多写点，让我能够珍藏的他多一点儿。

我没想到除了同学聚会，我竟然还有这样的福利，在这样朦胧的雾霾时节与他邂逅。

但是六天的课，有五天我一下课就在他门口晃悠，什么话不说，什么事不做，见他起身就回撤，见他安稳坐在那里就回来，我站一个死角，他要是不注意就看不见我，可是我能看见他。和我一起上课的有知道我这点事情的，帮我想了各种搭话的由头，我只是绝望地对她说，你再怎么出主意，到时候我一见他，脑袋全蒙。

其实我有八成把握能想起来自己要说什么，可是就那么两成，让他看见我在他面前犯傻犯花痴，我丢不起这节操。

我说，就那样吧。

我曾经想画一幅很好的画，可我只是一个孩子，我不会那么多手法画法，我只有一颗心，画成并不精美的涂鸦。

我不会讨好一个男生，我不懂追求，不懂感情，但是至少我已经知道有这么几天，我离他如此之近。我曾经以为是无数次幻觉中的一次，然而这一次是真的，这就足够了。

两年的时间，我试图，也喜欢过别的人，我以为我可以忘记，然而感情一根筋的人，大概也就是这么倔。我天不怕地不怕，只怕一个人。

同学发短信："你还喜欢他呢？"

我苦笑，发："我也不知道，习惯了吧。"

他给我以无比的上课激情，每次发言我都想着是要跟他说话之前的练胆，于是一般上课比较沉寂的我这次是无比活跃。

最后一天课。

最后十分钟。

老师超额完成讲课任务，最后带着我们唠嗑，然后不耐烦地看着表，一挥手让我们各回各家。我背着书包出来，看见他的教室门没开。平时他们放得比我们早，我总是只能见到他们教室里空无一人，这一次……

我想等他。左右一场涂鸦，何不委心任去留？在昏黄灯光下的走廊，装成一次偶遇。我试验了几次应该怎样过去才不显突兀，就看扫地老大妈纳闷地望着我，我不去管她了，门开了。

我直哆嗦。

他来了。我想装作去厕所，结果发现和他的方向走反了，然后我淡定地一回身，我才不是上厕所呢，就和他打招呼。

后来呢。

我想其实这才是中心吧。

我们俩边走边聊，最后他问我怎么回家啊？我说，打的吧。他说，算了，我妈来接我，干脆顺道送你回去。

之后的事情，我想好好回忆一番，可是只记得我很开心地推托了几句，就坐到他家的车上去了，然后就基本没印象了。

好像是我教他怎么背单词更有效率，好像是他说了说他自己的现状。然后我很淡定地下了车，目送他们远去，然后差点腿一软坐到地上去，缓了一阵，才敢以正常状态过马路。

其余的，脑袋蒙蒙的，一回忆就会有声音责备我："这种经历，还要关注你们都说了什么吗？感受是关键！"然后我就什么也都写不出来了。

那天晚上，我差点就兴奋到没睡。

然后第二天，我醒来，擦擦脸，他的影子，又从我心中渐渐淡去，像我曾经做的那样。让这幅被意外填了几笔的涂鸦埋藏在记忆中最甜的地方，然后不再去想它。

青春是什么？

有人谈好几次恋爱，情人节秀秀恩爱，收几朵玫瑰花巧克力。有的是真心互相喜欢，有的就是要那股子有人关怀的感觉。

我试着去谈过一次恋爱，然后发现我真的不是那块料，我不喜欢任何浪漫，这样的年纪那还有什么剩下的？

可是，我曾放肆地喜欢过，比很多人都更加刻骨铭心。

我这样五大三粗的人，套出了他这么多现状，他一句话没有问过我怎么样了。

而我一直忘了问他："你有女朋友了吗？"我没那个胆量，从小学起就一群女生围着他，初中的时候更是有N个铁杆为了绝我心意给我分析他喜欢班上的某某，高中总不至于清心寡欲吧。

可是我能怎么样呢？

我的青春教会我拼尽全力的喜欢和足够理智的自制；我的青春教会我勇敢地承认自己的感情，不扭捏，不矫情；我的青春教会我认识到另一个自己，那个有时候无法自控，有时候更加显得女性化的自己；我的青春教会我珍惜每一个快乐的时刻，而不去对无法拥有的事物过于执念；我的青春教会我拥有和放手。

星座书上，处女座，忘记一个人要用五年的时间，和其他的相比，不长不短。

也许有一天我终于敢和他面对面不颤抖地交谈，但是那一天，我也早就不再是青春的我，再也画不出每天这样忐忑的幼稚涂鸦。

其实青春感受，很多那时觉得很大的事情终究会在时光中淡化成一句"我也怎样怎样过"。可是后来发现，虽然有些事情你可以告诉自己不过一场信手涂鸦没那么重要，而有些事情你慢慢学着重视起来从其中收获人生阅历，但是那份涂鸦，终究或许是这个年纪再强装成熟也不能平息的悸动。

匹马天涯

北京市十一学校　孙婧妍

那些自以为了解马的养马人根本不懂马想要的是什么。

——就像你们不了解我所追求的自由。

一、独特

从前有一匹做梦都在奔跑的马被人抓住了，他们为它配上昂贵的笼头和缰绳，让它去驮珠宝。马不愿意，拼命挣扎想要摆脱，于是人生气了："我们给你最好的器具，喂你最精美的饲料，让你搬运最珍贵的宝物，你怎能这样不知足。"

它怎能知足？

我请你们不要用自己的常规来束缚我。你们希求的，或许我并不喜欢；你们认为宝贵的，或许我不屑一顾；你们嫌弃做的事情，或许我甘之如饴。

哪怕是双胞胎，DNA也会有所差异，何况是不拥有这样血缘的我们。世上不存在两个完全相同的生物，更不存在一套准则，能够适用于所有人。能治愈某种疾病的药物用在另一类病患身上可能会致其死命，你们把你们认为正确的事强加于我，并要求我为此感恩戴德，可你们不知道你们正在杀死我。

人是如此独立的个体，在同样环境长大的两个孩子，一个变成穷凶极恶的杀人犯，并不会降低另一个成为圣人的可能性。你们以为这种差异是离经叛道，却从来不想世界正是因不同才精彩。

就在此刻，江南月色照着小桥下的流水哗啦啦地流淌，塞外萧风将大漠中的巨石雕刻出苍鹰的形状，金黄的稻田在一望无际的平原上绵延起伏，苍郁的青松装点着万丈绝壁向云霄伸长；就在此地，有人在生长，有人在死去，有人在微笑，有人在恸哭，有人鹤发童颜，有人白首韶华，诗人吟诗作赋，将军金戈铁马，无心功名者饮酒廊下看荷田里皓腕采莲的少女容颜如花，胸怀大志者为那生前身后名一把长剑颠沛天涯。在这时，在这里，不同的风景凝聚成不同的生命，不同的生命绽放成不同的风景，南方连天的碧海退去了，西方的黄沙却刮起来，沙场的骁将倒下了，明月楼上的女子仍对镜整金钗。你们总说这崎岖不平的地形太过丑陋，这五颜六色的景观太过缭乱，这肆意生长的生命太过没有规矩、不合正理。

可什么是正理？

在这永恒发展的世间，差别何尝不是正理，变化何尝不是正理？

能挖掘出自己生命独一无二的美，就是正理。

《美丽新世界》中的社会，所有人被分成五种阶层、十个等级，可以批量生产，从出生起就注定和一群与自己一模一样的人背负相同的责任、发展相同的命运。没有人为这美丽的新世界鼓掌，你们也清楚这不是乌托邦，而是集中了机械文明所有负面的车间。你们为这样的世界中敢于挑战制度的"野蛮人"约翰鼓掌，却意识不到在你们试图用"常规"与"标准"的模子规范我时，你们的举动和那样的社会形式没有任何不同。

赫胥黎笔下站在社会分级顶端的阿尔法加，未必有自然界里一只自由自在的小虫子快乐。

二、自由

"如果放你追逐自由，你会摔倒、会受伤、会被野兽追赶，甚至会死去。"人们流下同情的眼泪，对笼子里装扮华贵的马说。

其实很难形容什么是自由。

不妨假设我们繁衍在山脚下一个名叫"安逸"的小村庄。村庄非同寻常，唯一的特别就是村里没有镜子，也没有任何能够反映出人的外貌的事物。所有人对于自己外貌的了解，都是通过别人的话实现的。我们出生在这样一个村庄里时，作为婴孩，有的人生在很富有的家庭，有的人则要相对落魄一些，但我们最初的生活都是安逸的。

无知与顺从，没有什么能比这两种品质更能让人平静地生活了。

可惜，婴儿们逐渐长大了，用你们的话来说，他们之中的一部分变坏了。坏孩子们开始向平日里大人警告他们绝对不可靠近的山顶攀登，一路很艰苦，有毒蛇、有猛兽、有断崖，很多孩子在路上倒下了，可剩下的人没有停止，而是继续前进。当很少一部分人历尽千辛万苦终于登上山顶时，他们发现那里是一片空地，而空地中央是一面巨大的、明亮的镜子。

他们第一次知道了自己的模样。

就是这样，安适是没有镜子的村庄，而自由是山顶的镜子。

为了看看自己的样子，甘愿付出生命的代价，这对一些人来说无疑是不值得的，而自由在世间受到的评价也同样。自由不是饭也不是衣服，它压根无关温饱，追求它就是痛苦，又何必放弃锦衣玉食、放弃平安喜乐去苦苦追寻。这种观点是有道理的，事实上，自由确实虚无缥缈、毫无意义。

那为什么还有这么多人为自由赴汤蹈火？

因为我们想以自己的方式去解释"意义"与"价值"。

很多东西，在你不知道它的时候，你已经可以很好地实现它了，比如进食，比如意义，比如价值。生活着就有意义，生活着就有价值，在这种情况下，人自然会分为两拨：一种安于现状、不闻不问，一种抓耳挠腮、苦心探寻。

这是不能以对错评判的对立，但就过程而言，知其艰苦而为之的人总是更悲壮一些，因而也更容易令人佩服。

一直以来我们对自由的理解总是太过狭隘，都以为随心所欲就是自由，但事实上，按照自己的意愿生活只是自由最浅显的表现形式。自由的深层是自己诠释自己、自己诠释生命、自己诠释宇宙的权力，当整个世俗都在不断将它的观念强加给我们时，自己去发现和解释一切，就是自由。

于是现在我们明白，自由是对生命、对自我的清晰认识，然而认识了自己又能怎样呢？认识了生命又能怎样呢？什么都不能，唯心安而已。

所以说追求自由是一种高尚的自我折磨。

对于这个观点，几乎不需要思考就可以举出例子，比如以继承了父亲庞大的财产、却在孤独与怀疑中度过一生的叔本华为代表人物的一众哲学家。听无数人说过哲学家都是疯子，自己给自己找事，放着好好的生活不过非要去思考人生、思考宇宙，最后把自己整得凄惨无比。可我却是真正地钦佩他们，在默认所有人只要在光鲜的外壳上按部就班地生存就好的情况下，他们选择了去挖掘某些幽暗而丑陋的内核，这种选择本身，就是他们对自由可贵的追求。

敢于反抗，敢于质疑，敢于追求，敢于用自己的眼睛去发现众人口中的世界——这就是我们爱着的自由，艰苦的自由。

三、匹马天涯

如果可以选择，哪匹热爱奔跑的马会去稀罕什么金鞍银辔？

它们终生所求，无非是有朝一日能够在大地上自由地驰骋嘶鸣。

管他什么千年变更如走马、流言蜚语过谁家，我自一往无前，踏遍秋叶春花，夕阳西下，西风古道，从此长啸当空、匹马天涯。

因为爱

北京市十一学校　蔡艺璇

零

这篇文章，我想写一些关于"爱"的故事。我爱我的梦想并为之奋斗，我爱我周围的人，希望能尽我所能为他们带去幸福快乐。这是我生活最大的主题，它让我感受到生命是充盈饱满的。

一

我在美国时候有两个朋友，他们在一起恋爱，经常会为了"宗教"和"性爱"两个问题争论不休，女人笃信基督，男人是个坚定的无神论者，因为女人曾经有过耶稣托梦使她儿子免于车祸的经历，男人因为战争杀戮所以不相信神灵；女人因为宗教信仰和从前的一些经历而无法接受婚前性行为，而男人成长的年代恰好是美国free sex的年代所以视性爱为美德。两个人都因为过于笃信自己的信条而不断挑战着对方的世界观，导致争吵后相互伤害。

我在美国作交换生的时候住宿家庭的妈妈生长在传统的黎巴嫩家

庭，重视"家庭"、"社区"等观念胜过"个人与隐私"，而她的丈夫，作为一个传统的美国人，则非常强调个人的独立性。这些意见的不和导致彼此对家庭的未来各抒己见，最终，这些思想的碰撞导致了家庭矛盾。说小就是简单的意见冲突，说大可以导致家庭不睦，最终他们离婚了。

旁观别人的感情经历，我开始思考爱与价值观之间的关系，每个人的价值观都是基于个人经历的，它绝对是一个identity（个性）的表现，但不是对世事对错的判断依据。如果是女人经历了战争，而男人经历了救家人于死亡边缘，那么他们所"笃信"的东西或许都会有所改变。如果妻子成长在一个强调独立性的美国家庭，丈夫成长在一个强调家庭整体性的黎巴嫩家庭，那么他们"判断是非"的标准也会改变。价值观的差异（有些时候是根本差异）都是相对的，但有些时候就是因为我们太过于笃信自己是对的，才会产生嫌恶，最终让这些相对的、可以通过包容与理解来化解的东西毁掉了两个人的关系，甚至家庭。

在美国作交换生，以及在国内参加中美文化交流论坛时，总会有人问我："你觉得中国人和美国人有多么的不同？这样的不同重要么？"对于我，一个在中国文化下生活了18年的人来说，价值观上、处世哲学上的不同很重要。有些人企图模糊这样的不同、硬是想要强行挤进别人的文化，但最终很可能就是丢失自我。但是这样的不同并不能将人们分开。我在美国的时候，居住的社区是一个第二代移民、退伍军人聚集的地方，所以我的朋友有意大利裔的、巴西裔的、葡萄牙裔的、非裔的、亚裔的，来自黎巴嫩、巴基斯坦还有以色列等国家的。我们经常周末在意大利朋友家吃Big supper，时而听我这个北京姑娘和台湾男生在两岸问题上争论不休；听基督教徒和无神论者在宗教问题上一争高下；听英国人开着美国朋友的玩笑然后大家一笑置之……其实，世间没有绝对的对与错，保持自己的原则、放下所谓执念，就算我们信仰完全不同的事物，也不妨碍我们像一家人一样彼此相爱。

有一次我和朋友躺在床上看一个关于乌干达妇女儿童生活状况的纪录片，影片放映中旁边的美国姑娘不由自主地自语："如果可以，我真愿意放下一切去帮助这些受苦的女人和孩子。"那一个瞬间她满含怜悯的语气着实触动到了我，让我发掘了深藏在自己内心深处的博爱。生活在美国这样一个社区的经历，让我相信"爱"是可以习得的，是需要那些心怀慈悲的人去示范、去传递的。基于此，在申请大学结束之后我成立了十一学校仁人家园分会，通过募捐、建屋等活动帮助贫困家庭解决住房问题，希望能够尽自己所能去爱周围的每一个人，去用自己的微薄之力为别人带去温暖。纵使我们相隔甚远，依旧彼此相连。

二

从小到大，总会被老师、家长无数次追问："你以后想从事什么职业？你以后想学什么？"不管我是否有对未来明确的规划，我总是回答"并没有一个明确的方向"。生活对于我而言，更像是无数零散碎片组成的图景，无数线条呈网状向前延伸，我在不断尝试、不断下结论，又在不断推翻自己。我能做的就只是，在当下奋不顾身地投向我所热爱的一切。

我曾经做过十一模拟联合国秘书长，模联对于我来讲像一扇窗，带着一个未经世事的孩子去领略外面的世界，我在NAIMUN认识了美国、加拿大等国的高中生；在GMUN认识了非洲、中东还有欧洲等外交世家的孩子；在EU-ASIA BP中认识了东欧和南亚的朋友，在与他们的交流中我感受到世界就像一张巨大的网络，而我们都是这个网络上的一个节点，相距遥远却又彼此连接，彼此陌生却又相互影响；在华盛顿DC、卡塔尔多哈和来自不同国家的人讨论国家大事，那份不断传递在我们之间的热血在心里植下了一份责任感。那些日子我心无旁骛地认为"讨论政治、经济还有文化"就是我最想做的事情，于是我就这样做了，熬夜准备各种文件、会下依旧在和人辩论谈判、与各个国家的人们交流探讨。直到后来我开始做一个艺术团体，发现艺术之于我的魅力大于其他一切。

这个艺术团体在我的见证下慢慢地从一个舞团成长为一个集舞蹈、声乐、器乐、说唱等为一体的综合性艺术团体。我曾因场地和资金问题苦恼过，因为课业压力踌躇过，因为不被学校还有家长支持而无奈无助过……我和我的社员们为了编排作品在酒店大堂里对着锃光瓦亮的大理石墙面练舞直至深夜；在空无一人的篮球场上排练；从西单快闪到王府井，最后拿到全国街舞大赛冠军，有了自己的排练室，并举办北京最大的高中生街舞爱好者集会。我也从一个不怎么懂艺术的门外汉成长到对各个领域都稍有了解的合格社长。为了带这个最初不被人看好的艺术团队，我舍弃了很多在其他领域的机会，高中成绩也不是特别好，这也促使我最后决定到美国做交换生一年来弥补一下我不堪入目的GPA。但我从不后悔在那个时刻被艺术吸引并将最大的热情与精力投入给它，它让我成长、让我体会到为了梦想奋斗的快乐与痛苦，它也让我进一步亲近艺术，发现我在其他领域的天赋。

但是后来我并没有选择一个和舞蹈、音乐相关的方向。在美国做交换生的时候，我重拾平面设计，创作了很多油画、丙烯画、钢笔画还有素描作品。从最初到美国高中时班上最差的学生（被老师劝退找家长）到4个月后拿到美国百年历史最具权威的Scholastic Art and Writing Award两枚金奖，参加当地美术馆展览。我深知背后的艰辛。我清楚地记得那些深夜对作品一筹莫展时的无奈和无助，一个人趴在巨大的桌子上，头上吊着维多利亚式的华丽吊灯。出门走十几分钟都见不到一个人影，只有山坡野草流水小溪与我做伴，满脑想着一个怎么也不如意、且似乎永远做不完的半成品；我是一个爱热闹、喜欢社交的人，却在美国山间过了10个月清静的生活，千篇一律地每天从早8点画画到晚上12点。支撑我的，就是我对美术的热爱。看到作品终于完成的时候，那份油然而生的成就感就是我最大的快乐。也基于此，现在我在一家服装设计工作室上课，用业余时间学习、做些珠宝设计；我想不断地尝试各个领域，领略沿途美丽的风景。

带队去广西做义工是我离开十一前做的最后一件事，也是我想过最好的结局。周围酷炫的诱惑很多，而volunteer恰恰是一个既需要坚持又不酷的活动，持之以恒最需要的是一颗真正关心别人的心，关心那些看似遥远却又和我们息息相关的人。中学生做volunteer更多的是改变自己，走出学校这个保护层、看到世界上更多需要我们帮助的人，随着年龄的增长，可利用资源的增多，更大的改变在未来。

总有人好奇我为什么可以在高中三年做这么多事情，模联、辩论、舞蹈、美术、义工都做得比较深入，因为我在一个时间段只做一件事情，做我最爱的事情、并且心无旁骛地做下去。我很少去考虑这会不会和我未来的专业方向、职业选择有关。因为不去尝试我怎么能知道自己以后会选择什么职业呢？不将自己最大的热情投入到此刻我最爱的事业里，我怎么能够进一步了解自己呢？到了大学申请季，我必须选择一个方向，我同时申请了很多综合大学和艺术院校。最终，有被排名前20的综合大学录取，也被美国最好的艺术设计院校全部录取，综合大学可以提供给我更多的资源、更广阔的舞台，而选择了艺术院校就只能在艺术圈子里进行选择；最后我选择了罗德岛艺术设计学院，因为在这个时刻，我想"设计"就是我最想做的事情，是我愿意投入最大精力与热情的事情，我不想为其他分心，或许以后我的职业方向还会有变化。可能是因为某些事情触动了我，或者我被其他职业的魅力吸引了。那么我可以重新做出选择、调整我的道路。毕竟人生很少是一条道走到黑，我想要不断尝试、不断在尝试中了解自己、了解世界。我爱我所选择。

爱，岂在朝朝暮暮

北京市第八十中学　张梓璇

我曾珍惜过每周一次的在课外班上见到他的机会。心中千千结，偷偷看他一眼，足以让我感到满心甜蜜。于是，我不贪求一毫更多的幸福，我从未告诉过他我对他的喜欢，也从不试图走近他。只是每周看他几眼，红豆尽埋心深处。后来呢……就没有后来了；我仍是他的好哥们，对他眉宇间那同龄男孩没有的英气，我以一个弟兄一般的目光欣赏。

这段初恋生涩得还未开始就已经结束了，却没有给我带来一分懊悔。也许有人会问，你为什么不告诉他呢？我只是想，情若深，便不在朝朝暮暮、日日厮守。既然遥遥相思已经给了我足够美好的感受，那么等待就是美好的延长。所以当我埋葬了这段喜欢时，我既不因轻率而咒骂，也不因错过而懊丧，甚至能理直气壮地劝慰自己一句："你还年轻，不急这一时朝暮长短！"

遥想当年小园春深，美人下了秋千架，忽见翩翩少年径入园来。我揣度，那一定是位撩动了闺阁少女心湖的少年，气宇超群又不失温默。于是"和羞走，倚门回首，却把青梅嗅"。缱绻一眼间，乱红轻扬，清清淡淡传去了嗳喔情意：不必多言，君亦见竹马青梅。相知，何急一朝？

瞻彼淇奥，绿竹猗猗。岸边的君子庄重沉稳，温良如玉。林间，谁家女儿提着石榴裙摆含羞窥望，永矢弗谖。早听闻君子文采斐然，品行端方。凝眸深睇，一望足矣；莫失莫忘，长相思量。纵然朗朗君子甚至不曾认识你，你仍然那样幸福地抚琴唱出一曲流传千古的《淇奥》。相识，何贪此刻？

汉时又有云："客从远方来，遗我一端绮。相去万余里，故人心尚尔。"遥远相思，天各一方。一匹文彩鸳鸯锦寄托了情谊深厚的岁岁合欢，吟咏出"以胶投漆中，谁能别离此"的佳句。遂知相隔甚远亦有凤凰和鸣的美好。相守，岂在朝暮？

相思越长，爱恋越深。

这让我想起《小王子》来，狐狸告诉小王子，他不可以一下子站到她的身边，而要每天多靠近她一小步。这样他们之间的关系才会更加坚固、独特。多么有哲理呀！爱情正应如此，禁得起等待，挨得过守望，才能死生契阔。若与时间争朝夕之长短，在"青葱"岁月好不自重而错付了一份深爱，真要让人后悔不已。

因此，并非说年轻就不能追求爱，只是要经得住等待的打磨，经得住漫长的考验。在花季草草地将身心轻付与一个错的人享受眼前的喜悦，倒不如为一个值得的人等待。当长相思被岁月发酵得分外醇厚时，奖赏我们的将是琴瑟在御、岁月静好。往后的相守如此绵长，又岂在眼下的朝朝暮暮？

第二章

学会认真感动

十几岁的年纪，生命的形态充满矛盾。我们很容易被小事感动，也同样容易对身边持久地温暖着我们的存在无动于衷。

雨天的屋檐，路人递来的一把伞令你热泪盈眶；陌生的城市，街头巷尾的景色使你流连忘返。少年人是特有的多情而无情，一杯水、一个笑容、一家安静的异国咖啡馆，都足以引发你思绪的波澜；而回到起点，对于包容你成长的城市、对于为你遮挡了多少年风雨的旧居、对于无微不至地照料你从婴儿长成青年的家人，你却习惯性地投以理所当然的目光。

并不是不懂得，只是很多时候意识不到。像水、像空气、像阳光，过于重要，反而显得无关紧要。

只是，在偶尔某个时候，比如熬夜学习时看到桌边热气腾腾的一碗汤面，比如发现记忆中超人般的父亲鬓边冒出了白发，比如雨天行走于空荡荡带着些寂寞气息的街道，比如孤身在一个不熟悉的地方艰难拼搏……在这些时候，平时麻木的心情蓦然裂开一道缝隙，你忽然意识到，那些曾一直被你视为生命背景的东西对你来说有多么不可缺少。

当看惯了远方的眼睛落回到身边触手可及的距离，当脑海中一直描摹的宏伟蓝图开始寻找现实的地基，当看小说看电影看连续剧时兴起的感动第一次因身边的人和事油然升起……这种仿佛一瞬间跳脱出了自身的惯性、得以用旁观者的视角审视生活并感到温暖的过程，老一辈人会告诉你，这是成长。你或许会怀疑，你或许会惊讶，但事实就是如此。

成长，并不总意味着一鸣惊人，大多数时候，其实只是懂得了感谢，并因此学会珍惜。成长就是无论你走过多少地方、结识多少朋友，总有一天你会明白，世界上最美丽的词，一是故人，一是故乡。

小城故事

北京市第四中学　吴昕悦

遥远的夜空/有一个弯弯的月亮/弯弯的月亮下面/是那弯弯的小桥/小桥的旁边/有一条弯弯的小船/弯弯的小船悠悠/是那童年的阿娇

我又一次听到了这首歌，我还清晰地记得我第一次听到它的场景，是油印店的小音箱一遍又一遍地重复这首脍炙人口的歌谣，就像北京街头喧闹的口水歌。不同的是，在北京的街头，在车水马龙间穿梭，听那声线从某小天王变化为了某小教主，旋律在风中被迅速地淘洗和消失……而在小城，同样的句子一次又一次地重复，没有人厌烦，因为它就像小城里的其他事物一样，成为一种习惯。

鱼米乡

还是一句玩笑话，我脱口："我的家在江南鱼米乡……"瞬间有一种熟悉的惘然。突然想起，我曾经作为小城的人，无数次地说过这句话，就像说"我是北京公民"一样平淡而理直气壮，而说这话的若是转学生或国际部的学生的话，又是另一种情形了。寻思之下，又想不清伊始为何，这句话会浮现在脑海间。或许，是不经意的习惯吧。

习惯，是岁月与你我间私密的图腾。剜刻在眼前的风景里，剜刻在时光匆匆的汩流之间。我清晰地记得小学一年级的第一堂语文课上，年轻的老师不耐烦地用有节疤的教鞭敲着桌面，一蓬浓重的榕荫将两个窗口都遮蔽了起来，阳光淌进来就被染成了淡淡的绿色。二十几个孩子参差不齐地大声朗读："我的家在江南鱼米乡……"

当年因为天天没完没了地在老师面前反复朗读，读这话时，只觉得理所应当。就像四五岁的孩子会同小狗条件反射一样清脆地背诵"举头望明月，低头思故乡"，抑扬顿挫，唱歌一样地演绎李太白。思乡的句子浸透了岁月的风霜，凝集成珠玑的韵律，却每每由不识愁滋味的孩童口中朗朗而出。而这些诗阕，总由最质朴的文字构成，褪尽了铅华，简单短小，朗朗宛如童谣，就这样在我们的记忆深处埋下。又也许，我们现在所习惯甚至对之冷漠的事物，总会在成长的某一个瞬间默默地涌现出来，就像这些每个学童从识字开始倒背如流的乡愁，要用尽一生去感悟。

教　鞭

小城只有一个小学，所以不用入学考试，不用赞助费，不用学奥数学舞蹈学书法，所有的小孩到了年龄都只有一个地方可去。初到北京，我惊叹于周围同学之多才多艺，而我能令他们动容的只有：Ａ 南北夹杂的口音；Ｂ他们眼中最可怕的教育压迫经历。

教鞭等等的一切都是这样。对于举着教鞭的老师，我当时并没有太多的畏惧感。因为她的目标一般都是位于我前座的一个男生，所有的同学都被禁止和他说话，又有人传言他身上有股怪味，而在他被修理之后一般不会有别人再挨训。我每天都看着他在一声呵斥之后，蔫蔫地蹭到教室后面，然后是教鞭打在他枕巾一样汗衫上的声音。

我唯一的一次和他说话是因为那天他哭得很凶，倔强地拒绝在课上停止。有人说是他的妈妈死了。不知为何，所有人的心里都有一种莫名的愧疚感。我拍拍他背，却不知道说什么，只得正色道："你哭什么？！……" 也许是太久没有人和他说话，他尚未完全反应过来，老师却径直走过来，我下意识地用手挡脸，教鞭第一次从我头上落下，当时只是几条白印，但没过多久就像红虫一样肿成了猪脸。然后他被带到老师办公室，放学后再见到他，他在墙角瑟缩着，嘴上贴了块膏药，而不知出于什么化学原理，那块膏药在他的泪水、灰泥和汗水的共同作用下成了牛奶皮的样子，怎么也粘不住，他只好用手托着。那是我第一次挨打，不知怎的竟在心里有些怪他，路过他，他从虚掩的膏药后叫住我，说："你就跟家里说是树枝刮的。"那也是他和我说的唯一一句话了。

两年前回去，听人说长大了的他和人打架捅了刀子，进了管教所，再出来的时候也该快成人了。初时很震惊，又觉得并非不能相信。有人说，真没看出来，那么瘦瘦小小的人。有人说，他小时候就那么狠。有人说，他非常可怜，妈妈死了之后没人管被带到歪路上了。我的眼前却总浮现出那在办公室的角落像小动物一样瑟缩着的沉默的小男孩，用手托着膏药，眼里不知在说什么。

气　味

太婆的后半辈子都在小楼里。她不愿意出门，除非看看城东每年的菊展。每天早上我迷迷糊糊地下楼去学校，回头，就看见太婆从巷深处的窗口探出头来，冲我招手。那是一种老人才会有的分别方式——她会一直一直挥手，直到你不在她的视线范围内，有的时候需要别人劝几句才会停止。

她很少和我说话，说起来我也听不懂，没有人能听懂。只是一次我很好奇耳环是怎么戴到人的耳朵上的时候，她很高兴地用手比画，说她那个时候的新娘子出嫁，都用烧得通红的绣针来穿耳洞，有的人甚至说感觉不到疼痛。于是我便去她的耳朵上找，却找不到耳洞。她大笑说自己那时最怕疼，连裹脚都是每天自己偷偷拆掉又被人再裹上。我再问她，她就不答了，失落一样地沉默着。

太婆的死是第二天才让我知道的。当日，北京正是大雪纷飞，我想起一生在小城，从未见过一片雪花的太婆和她那出嫁时的绣针。我身边没有任何她留下来的东西，她也没有留任何东西在这个世界上，我却清晰地感觉到所有关于她的过去都汹涌地在瞬间把我淹没，犹如潮水，当它退去，我怀中如伊始一样空无一物。我才明白，太婆是我心中的一种气息。我总是能嗅到它，而它随着她的死亡淡去。她的溘然长逝，是她的死亡，是第一次死亡。而那气味的消逝，那个漫长而无奈的过程，当生者最终习惯，当生者不再沉湎于对死者的痛苦，这是她的第二次死亡，也叫作重生。

别　离

阿娇摇着船/唱着那古老的歌谣/歌声随风飘飘到我的脸上/脸上淌着泪/像那条弯弯的河水/弯弯的河水啊流进我的心上/我的心充满惆怅，不为那弯弯的月亮/只为那今天的村庄还唱着过去的歌谣/故乡的月亮你那弯弯的忧伤穿透了我的胸膛八年的时间里，北京的摩厦华宇不知拆拆盖盖翻了几重，小城却从未变过。人力的三轮车在柏油路上轧下往复的辙痕，走在大街上的都是公务员，有油印店的小音箱重复了一年又一年那旧日的歌谣。太过轻易地找寻到过去，心里却有几分失落，和那物是人非竟没有两样。

当我离开小城时，在衣兜里装叠的，是那小教室里碧色的阳光，是那许许多多江南出过状元的逸事，这样的传说总是为人所津津乐道。

当年父亲离开小城时，是十五岁，从一个小站去大城市上大学，随身只有两个箱子，一箱是沉沉的书本，一箱是沉沉的梦想，辗转数十年。但我知道，他总是小城的，而我，也终将有和他一样的眷恋，因为有一个词，不管你曾在那里生活了多久，不管那里如何，它都叫作故乡。而我也同他一样，寻着每一个难眠的夜晚，载着北国彻天辉煌的灯火，回到那个睡不醒的小城。

父亲的背影

北京市第四中学　朱宁馨

　　我注视着他有些滞钝的背影，慢慢地，消失在铺天盖地的耀眼光芒之中。

　　父亲有些驼背，其实并不是很明显，但是从后面看上去，是很不修边幅的样子。记忆中的父亲拥有挺拔的身姿，走路姿势意气风发，而不是现在这样子，穿着肥大的运动裤和不搭配的夹克，在人潮中慢慢地趿拉着拖鞋游荡。

　　我常常走在他后面，抬起头就能看到他的背影，在穿着光鲜亮丽的人群中显得格外突兀。他微微含着胸，肩膀仿佛无意识地前倾，双手插在裤兜里，肘关节处的袖子有些发白，松垮垮的裤子下面那双皮鞋早就失去了从前的光泽。而他的头发，在灯光下泛着银色，后脑勺的一缕头发可笑地翘起来，随着他的步伐一抖一抖的。

　　有的时候，我会很伤感地想：父亲老了。但更多的时候，我只是默默地转开头，不由自主地放慢脚步，不想让别人看出这是我的父亲。如果我能看到当时自己的眼神，想必一定是带着不屑和讽刺的。

　　那时我几岁我已经忘了，不过那不重要，总之没有长大。

　　有一天，我在校外上的辅导班安排了一个家长开放日的活动，邀请有闲暇时间的家长参与，我还被安排作为主持人。回家之后，我把活动通知给了母亲，想让她去参加，然而事与愿违，母亲扬声问："他爸，你下周去他们家长开放日的活动吧？"

父亲在客厅里应了一声："好。"

我来不及阻止，只好走出去把通知递给他，在他认真看着通知的时候，我忍不住开口："其实不是必须去的。"

父亲没有抬头："我有时间。"

可我不想让你去啊！我在心里呐喊。

"那活动特别无聊……"我徒劳地补充，父亲却打断了我，声音坚定："我说了我会去。"

一瞬间我感觉所有的话都堵在了嗓子眼里，被硬生生地吞回去。父亲是打定主意要去了，下周全班同学和家长都会注意我这个主持人，自然就会看到我父亲的草民形象，从此以后我怎么面对他们？

所有的愤怒与委屈统统涌上心头，我一把夺过他签好字的通知，跑回房间，狠狠地甩上了门。我把通知揉成一团塞进抽屉里，趴在桌上哭了起来。

晚上临睡前，母亲问我："为什么生气了？你爸爸去开放活动怎么了？"

我撇开头，冷冷地回答："没怎么。"

她撩开我的挡住眼睛的刘海，声音温和："你爸爸都看出来了，到底怎么了？"

我看着她，不由得委屈起来："我不想让他去，他老是穿得随随便便的，还有些驼背。下周我是主持人，大家都会注意我的家长，但是他……我们班小 A 他爸上次来班里，超级挺拔超级清爽，不只他，我们班家长都特别注意形象……"

我没有再说下去，母亲也没有接话，一时间空气好像都凝结了，周围寂静若死。良久之后，我隐约听到门口有脚步声，一下一下沉重地远去了。

后来几天我们都心照不宣地没有提起这件事。很快到了家长开放日那天，父亲开着车，我抱着书包没有说话。

忽然父亲抬起手来，用力拢了拢自己脑后的头发，将那缕永远倔强立着的头发压了下去，然后他转过脸来看着我，笑容里有一些不好意思："不翘了。"

我心里一软，望着他的看上去一丝不乱的头发，咬住了下唇，我转开眼睛，在心里对自己说："或许他今天不会让我尴尬的，毕竟他今天穿得很正式，头发也整理好了……只是他的驼背，算了……"

今天父亲穿了黑色的西装，还打了领结，母亲说那是他唯一的一套正装，但是很多年没穿过了。

这段路怎么这么短，一转眼就到了学校门口。父亲停好车，探过身子拿起后座上的卷轴，径直拉开了车门，向学校里走去。我在他身旁，低着头没勇气看他的身影。

走到教学楼门口，父亲突然停下了脚步，我诧异地抬起头，他却把手里的卷轴递给我，淡淡地说："我今天有事，就不参加活动了，你放了学我再来接你。"

一瞬间我不知是不是该庆幸，然而看着父亲似乎平静的表情，我的心脏瞬间抽紧，像是肌肉用力过度分泌出乳酸一般酸涩疼痛。我木木地接过卷轴，看着他转身，走进朝阳的光芒里，鼻子发酸，眼泪逐渐涌进眼睛里。

他的背影在耀眼的阳光中显得有些模糊，被包围上一层毛茸茸的光圈。他穿着黑色的笔挺的西装，肩线分明裤线笔直，皮鞋光亮如新，梳理整齐的头发随着他的步伐轻轻地晃动着。或许是因为心情柔软，或许是因为阳光明媚，这时他那肩膀前倾、含胸驼背的姿势竟不那么令我讨厌了。我看着他走进阳光里，一步，两步，三步……

忽然，他停住了，微微低下头，像是在审视自己的姿态，然后他抬起头刻意挺起胸膛，肩膀向后展开，整个人一下子挺拔起来，他左右偏了偏头，仿佛满意了，才抬脚继续向前走。

他走路的动作有些不自然，有些滞笨，有几次手脚差点"一顺边"，所以他走得很慢，但是他还是在很努力地做着这个完美的动作，没有放弃。他的背影随着绚烂的光芒映进我的眼中，映进我的心里。

有一个同学凑过来，兴奋地问："你爸爸啊？……走路好帅啊，他为什么不参加开放活动呢？应该让你爸爸作为家长代表讲话……"

我如梦一般回答："……是，那是我爸爸……"

我依旧望着他，那滞钝的背影，慢慢地，消失在铺天盖地的绚烂光芒之中。

给我一支烟

北京市汇文中学　王鑫月

　　我正值青春，对于人生欲望与勃勃野心还处在烟雾朦胧之中，尚且搞不清所谓的悲欢离合，摸不透尘世的生死之隔，至今也仅仅以一颗还保有纯真的孩子的心去坐观云起云落。

　　升入高一后，学习生活更加丰富，同时也结交了很多新朋友，日日的嬉笑打闹，却没注意到窗外的落叶轻飘。

　　瑟瑟九月，离人心上秋意浓。那是最近一次看到他，憔悴的目光凝视着远处的落叶，嘴边叼着一支烟。

　　我忘记了自己是怀着一种什么心情去看望肺癌晚期的舅舅的，总之，我面无表情地坐在沉静的一片死寂的车厢里，耳机里放着欢快的音乐，却依然能清楚地听到妈妈说，他熬不过九月了。

　　初入医院不过五分钟，我就明白了医生真正的痛处。他们害怕的不是血和手术刀，而是一个个病人无法坚持撒手人寰后，家人的痛不欲生。我克制住自己，走进了他的病房。他蜷缩在角落里，单薄的病号服空荡荡地挂在身上，眼眶深陷，像一道萧瑟的月光。几度寒暄后，妈妈出去买饭，只留下我们二人，并再三嘱咐我一定要照顾好舅舅。

　　他静静地看了我一阵："上高一了吧，学习跟得上？"我被这突如其来的问候吓了一跳："嗯，跟得上。""跟舅舅出去走走行吗？屋里太闷了。"我不好拒绝，点了点头。

我挽着他缓缓走在医院周围宁静的小路上，他说："你知道自己身边的病床每天都换新病人是什么心情吗？那感觉自己就像被判了死缓的犯人，毫无意义地倒着数剩下的天数。"许久沉默，远处的车灯摇摇曳曳，隔壁的病房哭声连连。

"能给我一支烟吗？"他突然问道。

我怔住了，紧锁着眉头："您可是肺癌病人，怎么能……""能给我一支烟吗？就一支，在我上衣口袋里。"他此时像个讨糖吃的孩子，是如此的渴望，好像一支烟就能满足他最大最奢侈的愿望。我微踮起脚，从他口袋里拿了一支烟给他。

他娴熟且迫不及待地点燃了烟，透过微光，能看到他一脸满足的微笑。他眯着双眼，低头看着我："谢谢，知道么，你妈妈在我身上寄托了很多，所以我一个人的时候，不敢让自己吸烟，那样我会很内疚。"他轻吐出一个烟圈，他的脸在黑暗里时隐时现，"只有别人给我烟时，我才会有那么一点的心安理得。"

我不知道是不是因为秋天本身就充斥着感伤，那一刻，我竟莫名地流泪。我也不确定给他一支烟是对是错，总之后来妈妈发现了，我只告诉她："仅仅是想满足他最后的一点小心愿罢了。"

濒死之人，竟如此豁达，放弃了年轻气盛时的所有欲望，一寸阳光，一泓清泉，甚至一支烟，便是他们的全部奢求。而整天庸庸碌碌地行走在钢筋水泥中的我们，又在无所事事地追求着什么呢？所谓的功名利禄，在生死面前亦化为泡影。我们要尊重生命，给它一次存在的意义。

不如静下来，也给自己一支烟。

分 享

北京市一零一中学　谢心怡

我在一个夏日南下，目的是与我的奶奶分享我的暑假。

我的手头有一册简装的《边城》，封面上青山漾绿，翠水涟涟，奶奶极为不给面子地抱怨，向我申明那绝不是湘西的景致，但是一面又要我说书里的故事给她。

奶奶是极端忙碌的一个人，而我又极端懒惰，故我二人相伴的时光事实上并不能够长久，从天明到迟暮，多是一个在屋外走动，一个在屋内蜷缩。好在她日日照例要午睡片刻。

我于是在她小睡的那片刻读那《边城》。

我们的屋子是朝南开窗的，夏日光照尤好，房间里面有两张床，我坐在靠里面的床上面读书，奶奶则睡在窗下的那张床上。我们的窗帘是由我以前午睡盖的薄被改造而来，蓝色的底色，上面粗劣地印着些小狗的图案，洗得很及时很干净，而且往往很垂顺，只是窗帘的质量实在不好，质地也不那么优良，所以窗外面雪白的日光总轻松地梳过经线和纬线之间的空地，细密地投射在她的一身青布碎花上面。

我一面想自己的事，一面阅读那薄薄的书，不时看看奶奶，也或许这三件事都未做得十分用心。待她转醒，同我搭上几句话，我就停止阅读，同时暂时忘却那些想也想不尽的事。我须得好好梳理方才念过的文字，我必须将每笔描摹，每口嬉笑撮到同一个头绪中去，然后趁奶奶进来的时候与她分享。文中用以叙事的湘西的口气，同我们湘南的并没有很多的出入，故我讲述故事的语言能够稀松平常，讲话也不必像在别人面前那样小心拘谨。

奶奶有时只进来打个转身，我只消将"端午日"等等她熟识的场面抛给她，叫她自己去回忆吧。有些时候会留她下来，且往往出乎我的意料，譬如，我向她转述开篇那幅湘西的图景，她本要出门照看她的茶叶蛋，但是转而坐了下来，叫我细细地给她讲。

于是我开始讲，讲多石的矮山，讲透彻的江水，讲水底的麻石与水中历历可数的游鱼，掺杂了对于枕边故事的一些记忆，总之大概不那么符合作者记忆中的真实吧。而这却对上奶奶的胃口，这样亲切的叙述允许她自然地接过话，反过来向我说，说山里的水。山里的水，一年四季都那么高涨着，水中的游鱼也总是那么一大群，似乎永远不会添一头，也不会减一头。她这样的迫切地想要将全部与我分享的模样，反而让我有些闪神，我如梦般地想起她在山中度过的少女时代。或许当她同翠翠一般年纪的时候，也有那么几个空闲的午后，是坐在江畔，同山中的日光分享度过的。

再或许她有时在房间里做些事，像是叠衣服什么的，我就抓住她，向前推进一些情节。

我说翠翠气爷爷好吃酒，奶奶率先笑出来，我想她那时一定想到了从前那个小小的、善于向爷爷颐指气使的我了；我说顺顺家有两个儿子——天保与傩送，她立刻便可清楚地说出那位爸爸的苦心；我讲兄弟二人在翠翠的窗外唱歌，讲那夜的月色。

这样的时候，我们似乎真正地坐在她的少女时候了。我伴她回忆那只渡船，回忆那些说什么都要付钱的渡客，回忆艄公腰间的茶叶与船上的浓茶。奶奶就坐在桌铺上面，背后是那挂蓝色的窗帘。雪白的日光从她身后流进屋来，溅在那一身青布碎花上面。她的眼波不断地漾啊漾，里面是陪伴她的山间的水吗？

我们共享了几个愉快的午后。

直到大佬因凫水死了，二佬走了。

这或许是个好结局，可这不是一个适于分享的结局。

我能同奶奶分享的时光所剩无几，我实在也生不出任何足以续貂的狗尾。我只好平直坦诚地交代了真正的结局。我几乎是一字一句地照着书本来朗读。此刻，湘西的土话中，那些与我们的土话存在出入的遣词造句，逼得我不得不步步为营。

我生怕自己在闪神之中制造了任何不可原谅的遗憾。

我不能满足于此，我还要做出一副气鼓鼓的样子，十分霸道地向她抱怨："我早就和爸爸说过，叫他不要去买这家书局的书！喏，你看喽，这装订得多么糟糕！后面的几页掉了，只好下回再来讲，我们同翠翠一起等二佬回来。"

我一抬眼，看见一副失落的样子，一颗心这才徐徐降下。

我必须离开了，回到由我做主的生活中去。在最后的几个午后，我依然坐在靠里面的那张床铺上面，看着一身青布碎花上面的，流过窗帘的雪白的日光。这就是我们一同陪着翠翠，等二佬回来。

那副失落的样子是不是刻意给我看的呢？奶奶真的会相信我在最后胡扯的鬼话吗？这些问题是禁不起推敲的。所以，我也只好像天真的少女一般远离那些过度的执着，同那个泊在梦的江畔的少女，一起等二佬回来。

气息·乡愁

北京市第四中学　汪淙钰

故乡的歌是一支清远的笛／总在有月亮的晚上响起

故乡的面貌缺失一种模糊的惆怅／仿佛雾里的挥手别离

别离后／乡愁是一棵没有年轮的树／永不老去

——席慕蓉《乡愁》

名义上来说，我的家乡是锦绣江山一般的成都，只是我从小生长的地方却是这个被称作帝都的北京。其实我多想生长在江南水乡，比如嘉兴，这样我就可以缓步于青石板上，吞吐着品尝氤氲的水汽，念出故乡那极富诗意的名字——禾城。我也可以在经年流转后感慨传统的倾覆，负了那童年纯美的回忆光景，画意更改，诗情不再。

可事实是，北京是我的故乡。我一直希望自己能有一场乡愁，可惜这情绪可遇不可求。我不是没有离开过这方土地，只是每次的归期望之可及，没有乡愁，更像是去往新世界的一场逃离。只是年龄渐长后，逃离得久了竟也萌生出不知名的想念，想念大北京的种种气息。

观蜀地林立的牌坊街，脑中顿时浮现出的是京城的青砖绿瓦红墙。犹记得我于颐和园仰首而望，彩绘琉璃精美绝伦，那青瓦的延伸翘得玲珑，仿佛我身后时光逆流，又是那园中的有条不紊。我闭上双眸，似有队伍庄重而行，嗅得浓郁的脂粉气息，大概是描着远山黛的贵妃游赏此地；再一晃，夜幕星垂，寂静的园林中只有零星的几个宫女，默默燃起袅袅檀香，轻罗小扇扑流萤于夜里，我只嗅得她们凄清孤寂的委屈。我睁开眼，目光透过朱漆梁柱被后人粉饰过的表层，直看到它们最初的光鲜模样，和逐渐的岁月侵蚀，那其中定是记载了多少风霜年华。我无视那粉饰，只因它从未被重塑替代，使我得以从中嗅出那真实的悠悠岁月沉淀成的古朴气息。

岁月竟是可嗅，历史竟是能闻。这时光的味道，具象中却又抽象，抽象中又蕴含了丰富的情感，你轻轻地呼吸，便得以与过去心神合一。京城果不负帝都之名，其厚重的历史感渺渺晕开，散于每一方空气中，沁入每一人心神并凝于此。

某日立于异地仲夏夜的微风中嗅得缥缈的荷香，不知怎的就凝想出北京的凛凛寒冬中的种种味道。在面前一团团白雾的交替中，冰凉的空气涌入鼻腔，竟能嗅出些许薄荷的清凉味道，刷新着我的思维。街对面的百货大楼映着淡淡的暖黄色灯光，凝望得久了，自己的身子也萌生出一丝暖意，似一小碗微烫的南瓜羹入口咽下。你知，这般暖人心脾的美味在寒冷的冬日中，会衍生出额外的丝丝甜意。晚高峰的公交车很是拥挤，却也很是暖和，几经辗转，我像个从笼屉中被挤出来的包子，带着余温落到了灯红酒绿的中央。其实在这繁华中本应不曾料到，但是路旁熟悉的烤玉米的馥郁香气却直飘向我，谁知我在这浮华中闻此生活的真景有多感动，直想驻足。

北京的确是满目尽繁华，然既有繁华便不乏浮华。可这浮华中绝不缺少温情。总有那么一些热爱生活的人尽力调剂出千万种味道让这个城市更富情调，让它在炙辣的盛夏过后全身心迎接凉爽清新的金秋，让它在生存的艰难苦涩后永远有苦尽甘来的甜蜜。北京就是这样，你可以在人生鼎沸中恣意宣泄疯狂，然后亦可以在昏暗街巷的角落里黯然神伤。它时而喧嚣，时而静悄悄；然后你能随世安处，岁月静好。

后来在山城与重聚片刻的青梅竹马分别，那股在北京才经历过的离别愁绪又油然而生。在北京我有我的长辈和兄弟姐妹，相守十余载，已没有鲜榨西瓜汁的那种强烈的甜意与雀跃，每每想起时总像喝着一碗温和的大米粥，平淡中有着一股可将我融化的香醇。在北京我还有那样一群亲人，他们与我毫无血缘、个性不同，却每日从不同的地方走过来，为一场梦想而聚首，同喜同悲，共度寒窗。当初的绚烂多姿像打翻了五味瓶，如今的酸涩已不是因为那场人生中的初次大考，缺失怀念之情覆水难收；当初的苦辣已不复当年，在今夕早已尽数化作诉不尽的甜蜜回忆。

我恍然从这一场细腻的感念中有一点点明白了乡愁。北京的乡愁，或许是故宫隐隐沉淀出的那味古朴，是雍和宫燃不尽的袅袅檀香，是卢沟桥下永定河声息渐弱的淡淡苦意——这是一场相守甚长后的心意相通。真正的乡愁，是你远离这个北京时，遇到似曾相识的场景，忽而忆起童年和伙伴对胡同里糖葫芦儿的执着与争抢，最后双双露出的笑脸；发现自己还记得某家特别好吃但是毫不起眼的炸酱面，然后思念起当初一起狼吞虎咽的旧友来。乡愁是在你翅膀足以让你轻易逃离这方土地并已经这么做了之后，在无数个瞬间被过于温情的回忆所触动，涌起即刻回到故乡，回到那个包容收藏了你所有往昔童年的梦与记忆的地方，永远守候那方故土的冲动。

乡愁，愁得是那一场盛大的气息。景物有它的磅礴与馥郁，然而作为气息的基调，却终究抵不过那具有期待重逢的喜悦甜蜜和背道而驰的惆怅苦酸涩并存冲突的人情。望故乡渺邈，归思难收，于灯火黄昏处伤情，那绵绵不绝的思念终于凝成一场浓得化不开的乡愁。

我想，我在不远的未来也会背起行囊远走，然后在远离京城的他乡，思念起我从小生长的这个北京的种种气息，拥有那样一份愁绪萦绕却又无比美好的，乡愁。

我的母亲

北京市十一学校　孙婧妍

上周四我下午没有课，回了一趟家收拾去保险公司办理赔时要用到的东西。材料很多，乱七八糟一大摞，我从柜子里翻出一个很久没有用过的大包来，把材料装在里面带来学校。

刚才我收拾这些材料的时候，在包的夹层里摸出来一个纸包，叠得方方正正的，上面写着"婧婧买菜报销"，里面有二十块钱。我是想了很久才想起来这钱是怎么一回事，我记不太清楚，大概是高一时候吧。有一天我在打游戏，我妈让我去买菜，我不耐烦地说我没钱，她说没关系我给你。后来我把鼠标一摔说那我去买行了吧，然后拿着钱包冲出门，菜市场就在楼下，我却乱逛了一个小时才回去。进门时我觉得再僵下去势必又是一番风波，就跟妈妈道了歉，因为这样我就可以继续打游戏了。妈妈平静地原谅了我，接过菜去做饭了。我想这钱只可能是那时的，是我出门的时候她默默包起来的。

我不知道她那时用什么样的眼神看着摔门而去的我的背影，也不知道她在白纸上写下那六个字时是什么心情。或许是心寒，又或许是无奈，再或许是有一些赌气、有一些较劲的——你不是说没钱吗？我给你报销就是了，横竖不让你吃亏。看着这个纸包我很想问问她，问问我的母亲她当时是不是很难过，我想真心实意地向她说对不起，告诉她我有多懊悔我当时不耐烦地对她。但是已经没有机会了。

我的母亲，曾一次次原谅过我的母亲，是再也不能多原谅我一次，无论她曾多么温柔，无论我有多么后悔。

在夏天，一年里最热的时候，我的妈妈去世了。

现在已经是冬天，那时还那样繁茂的树叶已经落光了，只剩下北京的大风一直刮、一直刮。寒风中那些枯瘦的树枝总让我想起病床上妈妈的手，它们都那样瘦啊，却从来没有放弃过。几个月的时间怎么好像转眼就过了，可话又说回来，难道几年、十几年就很长么？如果果真是长的，那么为什么我从小到大对于妈妈的记忆都还那么清楚，我儿时那个年轻的她、丰腴的她、没有皱纹脸色红润的她，依旧那样栩栩如生呢？

我们小学老师曾经批评过我，她说栩栩如生这个词，是不能用于形容活人的。那时扎着羊角辫、系着红领巾的我又怎么会想到，若干年后，我的语文考了那么高的分数，而当我能够正确地使用词语时，便把"栩栩如生"用在自己的母亲身上呢？

在这些日子里，我无数次地感受到这样一个事实，那就是我的母亲已经不在了。真正地，确实地，不可挽回地，从这个世界上离开了。阳台上因无人照料而零落的花花草草，蒙尘的首饰盒，那些记录了那么开心的表情的相片，父亲变得佝偻的脊背，倒在角落无人收拾的高尔夫球具……还有我刚才翻出来的纸包。即使是在她的葬礼上，即使是在我作为亲属验看她的骨灰时，我都没有像现在这样地清楚地意识到，我的妈妈是再也不会回来了。儿时我曾多么期盼家里大门打开的声音，那意味着好吃的、好玩的，还有妈妈温暖的手和怀抱。那门以后仍将打开关上无数次无数次，但我期盼的那个人，是不会回来了。我那样不想承认，我总觉得只要不说出来这件事就还不是真的。可是现在我终究是能够说出来了，我的妈妈，她回不来了。

很多话我没有说、不想说，我不想有人会把我最大的悲哀当作某种借口，可我早晚是躲不过。

八宝山这个地方我去过两次，一次是我的爷爷，一次是我的妈妈。我还记得当年爷爷火化时我还小，无论如何不能接受最疼我的爷爷去世的事实，我哭着哀求爸爸给我装一些爷爷的骨灰回来，我想让爷爷陪在我身边。后来一切都办完了，已经快哭晕的我不停地质问爸爸为什么没有把爷爷给我带回来，爸爸当时红着眼睛，嘴张开了好几次，忽然就大哭了出来。他说他不行。那是我印象中爸爸第一次承认自己做不到什么事情，但我不能理解，那时的我伤心又绝望，觉得我的父亲懦弱。我是在第二次来到这里时才意识到当年的自己有多么残忍，我对父亲做出了那么残酷的要求。我等在那个小小的窗口前，和一群悲痛欲绝的人一起。我没有哭，我想这次我要自己来，我要留下妈妈。但当我真的看到盒子里的骨灰时，我什么都不记得了，我只想变成无数骨骸碎片中的一块，静静地陪着她躺在盒子里。

我多希望自己可以一辈子都不用知道，原来骨灰，并不是真的灰尘。那些骨骸就像是记忆，被焚烧、被碾压，还在那里。几小时前它们还是停尸床上的我的母亲，几天前它们还曾活动，几年前它们还曾抱起我，但现在它们就在那里。那是我最爱的人，我最爱的人。那是我的妈妈。

如果挖出眼睛就可以说未曾看到，割下耳朵就可以说未曾听到，掏出心脏就可以说未曾感受到，那么那个夏天里的我，一定会毫不犹豫地去做。但那些记忆终究是不会走的。我的母亲的离去并不是在那个盛夏中午的某个时刻，而是一个过程，这过程我是亲历其中的。15路公交车、单间病房、窗外的建筑群、淡而无味的定食、医院里各种药品、消毒水和衰朽的躯体的味道，我是不能再熟悉了。我在高中时待得最多的地方除了学校外不是家，是医院，每个周末、每个假日、每个因为担忧而旷课请假的日子里，我都在医院里，陪着我的母亲。然而她却还是在日复一日地离去。我是眼看着她如何越来越瘦、越来越苍白，我是眼看着她每天挂无数袋药难受得话都说不出来，我是眼看着她为一点点希望而欣喜却又很快地被现实击垮下去。她是那么想她的病能好，她多么舍不得她的家人，尤其是这个从不让她省心的女儿。她忍受了那么多痛苦的手术、治疗，将近半年不能正常进食只靠药液和米汤维持生命，在她临走前的一个月里她甚至信起了各种她以前从来都嗤之以鼻的偏方，连水都不能多喝的她一瓶瓶苦涩的中药往下灌却又吐出来。她也曾因无法忍受的病痛折磨说还不如死了算了，但每次却又振作起来，只为迎接下一次痛苦……下一次绝望。

我的母亲说，婧婧，妈还想看你结婚。

我的男朋友第一次真正和我的妈妈见面，就是在医院里了，她那天那么高兴，不停看着我和郑沛倞笑，跟郑沛倞说我又懒又笨、叫他多照顾我。我高兴不起来，因为我知道郑沛倞虽然很好很好，却绝对不可能在第一面就打动我的母亲，我那于人于己要求极为严格，并一向最为信奉"日久见人心"的母亲。那时她恐怕就知道自己无论如何都是撑不下来了，她知道自己没得选择，只能相信她的女儿和她女儿选择的人，她知道自己没法再为我操多久心了。

我不知人死后是有知还是无知，但无论如何我都想让妈妈看到，她当时的信任，并未被辜负。从母亲去世后到现在我觉得最对不起的人是郑沛倞，当天他上午考完驾照的最后一科后本来要出发去外地，车票、酒店都已经安排好，却在接到我的电话后抛下一切来医院陪我。他是和我一起看着母亲离开的。在妈妈在世的最后十几个小时，她已经对外界没有任何反应了，只是张着眼睛急促地喘息，手指无意识地屈伸着。那样子看了即使是不认识的人也会觉得折磨，而我是她最爱的女儿，她是我的妈妈。医生说用药可以暂时让她的各项数据升上来，都说什么医者父母心，可他们怎么可能懂得。我一直在哭，但我是真的打心底没有让母亲在这只给了她痛苦和难过的地方再多弥留一会儿的想法，我宁可被一千个一万个人说无情，但我不忍心让她受苦。那是我的妈妈。

最后到中午时仪器上的数字开始下降，后来忽然又上升，然后又下降，最后什么都没了，我的爱、我的苦累、我的牵挂、我的心疼，没有了。那段时间我一直在流眼泪，我握着妈妈的手忍着哽咽说你放心走不要再留了，可妈妈真的去了的那一刻我是多么多么想呐喊妈妈你别走，我不想让你走。但我没有，我终究是没有。郑沛倞那几天睡在我家客厅，和亲人们一起陪我度过了我以为自己会撑不过去的最艰难的时光，用无穷无尽的温柔化解我的眼泪。之前所有人看到的我和他的生活，你们以为的一切，不过冰山一角。妈妈走时，郑沛倞一直紧紧握着我的手，一直握着，之后几天的遗体告别、火化、在教堂的弥撒和辗转于天主教陵园，他都握着我的手。我早已决定用一生去爱他。

我还记得在南堂，几百位天主教徒依次走上前为我的母亲洒圣水祷告，每个人的面容如同笼罩有天堂的柔光。透过彩绘玻璃窗的阳光那么美，骨灰盒旁烛火明灭。我戴着十字架向每个人鞠躬，我的感激与悲伤是真实的，而我对于所谓神明的怨恨亦是真实。出生在宗教家族的我，十八年来却从未对宗教产生过信仰；倘若真的有神，我便要向教堂尽头圣坛上面目模糊的神灵发问：我的母亲何罪之有？

然而天下千千万万无辜的人，他们何罪之有？

就算是恶劣如我，与真正穷凶极恶之徒相比，除却平凡以至于卑微，何罪之有？

我是在母亲病后才知道，人的成熟和苍老，并没有先后顺序。随着我母亲的病越来越严重直到她去世，我自己也在飞速地长大、同时也飞速地苍老下去。现在再看我的十五六岁，我怎么能够想象就在几年前我曾经是那么放纵、那么理想主义、那么自我中心的一个人。那时的我和现在真是判若两人了，我的母亲如同一道分水岭，将昨日的我与今日的我永恒地分隔开了。看上去我依然是无数同龄人中普普通通的一个，有着一切这个年龄段的人该有的欢喜与烦恼、爱与憎、闪光点与缺陷。但我知道终究有什么是不同了。

就在几年前，我可以肆无忌惮地痛骂什么人什么规定什么体制甚至于动手打架，因为我知道妈妈总会附和我、开导我、为我收拾一切烂摊子；我可以一整桌菜只吃几口就把剩下的都倒掉，因为我还没见过我的妈妈在几个月没能进食后偷偷写了一整张白纸想吃的东西的单子，却又在我给她买来她想吃的凉粉时只吃了一小口就疼得说不出话的样子；我可以花成百上千的钱买一件我觉得好的游戏装备，因为我知道我的妈妈不管嘴上怎么教育我最终都会为我掏钱；我可以将大把大把的时间用来在外面和狐朋狗友厮混、上课不听讲或者干脆不去上课、尽情沉迷于游戏与小说，因为我觉得我还有漫长的几十年去努力，何必急着在这几年里取得成绩报答母亲。

等我明白一切补救都晚了的时候，确实已经晚了。从我知道母亲时日无多的那天起，无论我在旁人眼中取得怎样的成就，于我自己而言，一方面毫无意义，一方面，杯水车薪。我明知母亲已经享不上我的福，却仍拼了命争取一切能够令她自豪的荣誉，只为讨她由衷幸福的一笑。可太少了，无论如何都太少了，她的伟大明明配得上我后半生所有的光荣，疾病却不让她等到她最牵挂的女儿真正出人头地的那一天。因为母亲，以前无所畏惧的我开始害怕失败，如果让母亲失望，我不能原谅自己。高考前我紧张得几乎崩溃，因为我不像其他人，至少在失利后还有弥补的可能性，我只有这一次机会，母亲不可能等到我第二年再去高考一次。但我还是撑过来了。然而撑过来了又怎么样呢？没有母亲，奖项于我何用，分数于我何用，录取通知书于我何用，种种赞美、种种光荣，于我何用？为我鼓掌的人，不在了。

可我必须坚持，无论多么苦、多么累、多么不被旁人所理解，为了母亲，我必须要成为以前我只敢憧憬的那种人。我必须要对自己负起全部的责任。

每个母亲的生命都是一匹锦缎，你以为她们不再闪耀的原因是因为陈旧了、腐朽了，其实不是这样的。是她们亲手把自己的青春与梦想从生命中剥离，又一针一线地缝进了你的生命里，如此，你才能够熠熠生辉。我的生命里，密密麻麻全是母亲的针脚。这样一匹布，我怎么能怎么敢怎么舍得去浪费，哪怕一丝一毫。

那是我母亲的生命，是她对于我的全部的爱意，除了为之奋斗，我还能如何报答？我终究是要活下去的，并且要坚强、快乐、精彩地活下去。人永远不会知道世界上还有谁比自己更悲惨，但至少我们知道最悲惨的那个人，你不是，我也不是。所以，永远没有理由放弃，那些远没有你幸运的人都还没有倒下。

曾经我是那样一个刺头、一个败家子、一个愤青，什么都敢说，什么都敢做。我曾那样堕落，然而有很多人觉得那样的我很好，因为那时的我真实、张扬、自由、疯狂、率性、勇敢。他们怎知我多少次用自己的棱角刺伤最亲近的人，又因为对方的包容而愈发无法无天。当我明白那个会永远无条件支持我、庇佑我的人再也不能拯救我时，我就开始变老了。我变得世故，变得沉默，变得现实，变得像以前我曾经嘲讽鄙视的人一样努力。我或许仍是那个我，披着同一张皮，但不一样了，尤其是认识我的人该知道我有多么的不一样了。我不可能再像他们一样敢于哭笑恣肆地生活。我的港湾已经没有了，即使有别人愿接纳我的停泊，我也必须小心翼翼地行驶，因为我会沉没。

我在人人上见过很多王八蛋，因为一些微不足道的小事辱骂着自己的家人，甚至打出"她/他怎么还不去死"这种话。是的我说了脏话，可我绝不道歉也绝不会收回，所有这类人，在对自己的家人说出不敬的言辞时，哪怕平时好得像个菩萨，在那一时刻也是不折不扣的王八蛋；而那些恶毒诅咒着自己家人的畜生，如果不是那会让他们无辜的家人伤心的话，才是真应该去死。这一点，或许是我的偏激，然而经历过这一切，我不得不偏激。在我母亲的遗体告别仪式上，我唯一的念头就是希望其他人永远不要经受这些——因为当时我觉得我想自杀。

我知道失去有多难受，所以我看不得拥有着的人不珍惜。

还能为和母亲吵架而烦恼的人，不会知道在我眼里他们有多幸福。我是多么想哪怕再和我的妈妈争执一次，让她骂我，让她狠狠揍我，但是已经不可能了。我的母亲弥留之际，不要说抬手，连说话都不能了。我愿意用十年的寿命去换再一次和妈妈吵架，谁能换给我？

我是个不孝之极的女儿，不但不让人省心，还喜欢逃避现实。在母亲生病的这些日子里，有一段时间我特别害怕去医院，我只想远远地逃开那个地方。我约人出去疯，逛街、看电影、吃饭，越热闹越好、人越多越好，如果没人陪我我就自己在最繁华的街上游荡，或者窝在家把电视开到最大音量发呆。这样我就获得一种错觉，好像其实一切都没有发生，我还是那个十几岁的丫头，每天都在闯祸，永远等着妈妈给我善后。可是这些幻梦总有醒来的时候，我终究要回到母亲的病房，每次看着她病弱的身体和毫无责怪意味的理解的眼神，我都想狠狠地扇自己，我在我最爱的人最需要我的时候一次次地逃开。现在无论我说什么做什么后悔什么，没有用了。

我的家人们已经近乎垮了，而我还不能，我必须撑起这个家，我必须至少装作快乐地生活。

在母亲刚去世的那段时间里，我如同行尸走肉。心里哭着，脸上却笑，还要笑得比谁都大声，用各种各样的忙碌麻痹自己，生怕一不小心就想起，然后泪流满面。这种感觉没经历过的人无论如何也不会理解，我也不希望任何人在这个年龄理解。太早了，无论如何都太早了。我已如此，但愿别人不必。

白天，我自己要在学习工作之余处理母亲去世后的种种事。这个年纪不该管的事我都管过了、不必去的地方我全去过了。火葬场，派出所，保险公司，单位，证券公司，物业公司，房屋中介，银行营业厅，公证处……养老保险和住房公积金等等的退费需要复杂的手续，保险公司理赔光是所需材料的清单就有一页纸，股票账户的种种都要联络负责人，银行卡的处理，房租的收取和物业费的缴纳，这些我都必须从头学起。而晚上，我在无数个夜里从梦中流着泪醒来，那不是噩梦，而是美梦，我不断梦到从小到大和妈妈在一起的场景，年轻的、美丽的、快乐而健康的母亲笑得那么真实，而醒来以后的时光，才是我的噩梦。

母亲的手机、银行卡、邮箱……我都没有停，保留着它们原有的状态。但我知道，所有痕迹总会一点点淡去，直到有一天，所有印记都消失，而我、而所有有着对于母亲的记忆的人也死去，母亲便真的离开了。从此茫茫寰宇，再无处可寻。

我仍记得在母亲情况较好的一段时间，她被允许回家休养，那时她以为自己的病可以好起来，每天虽然痛得厉害却仍很快乐。有一天夜里我掩着房门赶一篇文章，忽然看见案头有一只黑色的硬壳虫子正在慢慢爬动。从小最怕虫子的我下意识从椅子里跳到远处尖叫，却在意识到病中的母亲正在休息时立刻就住嘴。就在我全身僵硬地站着看那只虫子爬行时，我听到了缓慢的脚步声，然后母亲握着蝇拍推开了门，说婧婧别怕。由于腹部的疼痛，母亲走路时只能弓着身子缓缓移动，她就以那样的姿势走到我的桌子前打死了那只虫子，把它的尸体捏进卫生纸里。

"你看，"母亲回头笑着低声对我说，"妈妈还是能保护你的。"

我的妈妈，她笑容无奈，却又满是自豪。她的头发已经因为化疗掉光了，戴着一顶帽子，即使在灯光昏暗的夜里也能看出苍白的肤色，一米七四的个子体重却只有不到九十斤，身上还有锁穿。

现在，我已经可以自己打死虫子——因为这个即使已经病得那样重却还想保护我的人，不在了。

而你却还可以告诉你的妈妈，你想她、你爱她。

老家的红与白

北京市第四中学　刘里欧

　　中国人习惯用"红白喜事"来概括各家的婚丧大事，因而赋予了这两种颜色特殊的意义。尤其是在农村，这种意义被遵循成为传统，进而达到了意识上的恐怖，似乎正是因为这样的原因，那被我们称作"老家"的地方才会与我们现代而功利的城市生活格格不入，它永远承载着不可磨灭的记忆，伫立在隔膜的另一边，被我们当作昨天而铭记着、忘却着……

　　说是老家，其实它不是我的老家，而是我母亲的老家。只是因为大人们提起那里时总是说"老家"如何如何，我也就不再承认户口本上的"籍贯"了，转而认为母亲的老家才是我的老家。

　　母亲姓王，她老家就在顺义那块儿发生过地道战的地方。地道战遗址被开发成了景点儿，但她的老家离那儿还是有距离的，所以那儿还是地地道道的农村。我特小特小的时候去五姑姥姥的果园里摘过一次桃子。

　　记忆中五姑姥姥家的东边第三户是大姑姥姥家，往南数三排是二姑姥姥，再往南数是好些姨和舅……反正那一片房子住着的基本上全是姓王的人家。

　　那片砖瓦房当间儿有一个大戏台。有钱户里娶亲是要唱唱的。我没赶上过那种，只赶上过大年初五县班子下乡时唱的《铡美案》，一个人叫了声"驸马爷——"我就被某个姑爷爷辈儿的扯着认亲去了。

母亲说这儿姓王的都沾着亲。不过传到今儿个也都不太认得了，要倒腾去山里，山里有王家的祖坟。母亲说她的爷爷奶奶就"睡"在那里。

我自打上了初中就没再去过老家，我是怎么也没想过的，只是今年我竟然去了两次。更让我没有想过的，这两次老家之行是为了两个截然不同的目的，第一次我是胸佩红花喜气洋洋，第二次却是披麻戴孝白衣素服。

红　篇

穿红衣去的那次是去参加一个表舅的婚礼。那天天气很好，阳光灿烂。一大早我就被拉入接亲的队伍，直奔新娘和她的亲戚临时租住的小院子。

新娘是山西的，亲戚们特地从山西赶来，给她在这儿弄一个假娘家。新娘子要待在娘家直到接亲的人来，还得她叔叔把她抱上婚车，才能离开。

为什么是叔叔呢？这我就不清楚了。我一开始想着挺别扭的，后来也就释然了。毕竟"习俗"这东西信上了就有种一家人的感觉。

接亲的人一般都要找能忽悠的，因为把新娘子接走时照例儿娘家人是要闹一闹哭一哭的。年纪小的男孩子还要趴在嫁妆上死活不下来。我一开始特有气，不让把新娘子接走你们当初干吗来着？和我一起被委派去接亲的母亲笑着说："你一出生我就知道你以后一定得嫁到别人家去，但有一天你真的走了，恐怕我也要闹一闹哭一哭的。"我"嗯"了一声。但我发现除了新娘的母亲外，其他人闹归闹，却不是不舍得她走，哭嚷的喉咙夹杂着打揶揄的笑。你说："闺女大了该嫁了！"他们不理，照旧哼哼唧唧。你说："新郎要到洞房里等啦！"他们才满足地把门让开。这样的话有经验的人教了我几句，起先起作用，后来人不依了，我只好编几句意思差不多的话，起哄的人起的全是接亲的哄，他们多听几句热闹话就满足了。最难搞的还是那些孩子，灵活而执着，像口香糖一样粘在嫁妆上，无论说啥都不肯下来。我又哄又斥软硬兼施，可这些孩子啥也不懂，我的措辞艺术和语言加工全成了狗屁。气得我险些忍不住左右开弓大开杀戒。一直乐呵呵地和别人一块儿看我对牛弹琴的母亲这时出来拦住我的暴走，从兜里抓出一把糖给了那些"口香糖"。"口香糖"顿时就变作荷叶上的水珠，咕噜噜就从嫁妆上滚了下来，母亲忙把嫁妆抱上车，我恶狠狠地冲他们挥了挥拳头，小水珠们就噼里啪啦地跑远了。

新娘是婚礼上最幸福的人。她的眸子里闪着明亮的光芒，美丽的婚纱让她看起来高人一等。她是多么喜欢这种辉煌的感觉！

新娘没有红盖头，所以顺着她的目光，通过刚刚漆过两天的大铁院门，正好能看见门外有一块小小的菜畦。她目光的短暂黯然是因为想起，脱下这身礼裙她就将成为一名普普通通的农村妇女了吗？

听说这位新娘的娘家要了许许多多的彩礼，多到我的母亲听说后皱了皱眉，说："他们怎么跟卖女儿似的？" 我想这大概是和新娘子还有个弟弟有关吧。好像农村都是这样的，嫁闺女时得来的彩礼是要转手给儿子娶媳妇用的。

祥林嫂一样的女人现在还是有的呀。

白　篇

我的母亲有一个小她四岁的弟弟。姥爷是警察，经常因为加班不在家，姥姥每天下班也很晚。用母亲的话说，自打她六岁能踩着凳子烧饭，姥姥姥爷不在家时她和舅舅就开始相依为命了。

在母亲眼里舅舅就是个什么也不懂的孩子，像搞好家族内部人际关系过年时走访亲友这类事，她是不放心他做的。而在我的眼中，舅舅也是个孩子。无论干什么，我俩都是一条心。小时候姥姥嫌我后脑勺是个"偏瓜"，晚上要我枕着鞋垫睡觉，你想那么硬邦邦的东西怎么会舒服，我又是哭又是嚷，舅舅过来一把把鞋垫抢过来就扔到了一边。长大后第一次去酒吧也是他瞒着我爸妈带我去的，他一边喝还一边逞强地说："我调得比他好呢。"

从那天上完晚自习回家后没看见爸妈，直到凌晨接到母亲要我请假的电话，再到泪流满面地催促出租车司机再开快一点的时候，我一直都不相信一直身强体壮的舅舅会突然因心脏病发作抢救无效而死亡。这一切都应该是个误会，比如妈妈可能看错了床位，或者被白布盖住的只是一个长得和舅舅有点像的人。

一个等着我给他过生日的人，怎么能说没就没了呢？

38年前的5月12日舅舅出生，去年由于一场地震，舅舅把生日改在5月20日过。今年我一直在等5月20日。结果等来了那一天，结果他却在那一天晚上躺进了太平间。

一句没说出口的"生日快乐"竟然要隔着黄泉说了。在舅舅的灵堂里，母亲红肿着双眼让我给舅舅磕头，我跪下把头磕得梆梆响，我觉得只有这响声才能盖过母亲眼泪砸下来的声音，大声喊："舅舅生日快乐！外甥女给您磕头呢！" 喊完接着磕，母亲抓住我，抽噎着塞给我一把纸钱，说："别磕了……舅舅该心疼了……给舅舅烧点纸钱吧……"

一个火盆蹲在面前，里面躺着的全是黑色的灰。我用香烛点燃了纸钱，火苗一下蹿了上来，手顿时被包在灼焰里，母亲抢过去丢在火盆里。我呆呆地垂下头看，手背熏黑了，汗毛被烧光了一片。

那一夜给舅舅守灵。灵堂里有三炷香，守灵人需要做的是不能让香灭掉，是让香火继续传承的意思。在不断跳跃的火光里，我的眼睛呆滞了一夜，一整夜。

第二天凌晨去火葬场，我们等候灵车从医院驶来。催促的电话里传来"还在解冻"这样的话，我顿时觉得看清了生死的太平间老大爷早已把冰袋里的死人和冻鸡翅归为了一类，区别只在于后者解冻后是用来吃、前者是烧来埋罢了。

人在心情沉痛时往往觉着时间无比漫长，过了犹如一个世纪般长久，挂着黄黑挽带的灵车才缓缓驶来。人群顿时像潮水一般哭喊着涌进会场。是我拥着人群还是人群拥着我这时已不重要了。

瞻仰遗体时，舅舅穿着生前只在结婚时穿过一次的西服，静静地躺在玻璃做成的棺材里。他的身体好像缩小了，脸惨白惨白，我终于理解了书中说的"死人白"是什么一种颜色。他的嘴是青紫的，发黑，没有弹性，也不干裂，就像蜡捏出的一般。他以一种生时绝不会有的平静的姿态躺在我眼前，我开始觉得这个人很陌生，尽管五官（经过遗体整容后）还是熟悉的。他的眼睛闭着，但我能感觉到他的眼球就在那层薄薄的眼皮后面，瞳孔散着，白眼球发灰，也在疑惑自己为何会仓促离世。

悲怆的音乐响起，我记起父亲的话："照顾你妈。"他是不能跟我们站在一起的，因为他和棺材里的人没有直接的血缘联系。母亲一向圆圆的脸扭曲成了多边形，她烫卷的头发这时根根竖起。她号叫着向玻璃棺冲去，被两个男人拉住，那种撕心裂肺的挣扎完全像是一头受困的母狮，我真担心她是不是疯了。我从来不知道一个女人挣扎起来力量会这么大，那两个男人根本不是她的对手，我的心嘭嘭地跳着，害怕得要死，眼看着她就要冲出去，我手足无措，好像更大的悲剧就要发生在眼前，下意识赶紧攥住了她的手大喊："妈！妈！我在这儿！我在这儿！您还有我呢！"

她骤然停止了一切动作。不！是骤然停止了挣扎，却转而开始用她刚才用来挣扎的所有的力气来抓我的手！疼！我差一点叫出声来，但理智咬住了后槽牙。我尽可能地安慰她也安慰自己，还好还好，还没有崩溃，一切还没有完。她逐渐冷静了下来，手上的痛感逐渐消失了。我觉着她想说："刚才好像要一起随他走了。"但她什么也没说。我扶着她径直走到外面空旷的院子里。她一直握着我的手，直到我小声对呆滞的她说："我得看看舅妈和妹妹去。"她才放开。

妹妹很小，她抱着她爸爸的遗像被这个人搂一下被那个人摸一下脑袋，自己却不见得有多悲伤。舅妈哭得瘫在椅子上动不了了。刚才哭天喊地的喧嚷已经消退了，空气中流动着不可说的静谧，平静中酝酿着不知将会是什么的风波。

就在这时，工作人员出来问："D炉的家属？D炉的家属在吗？"

D炉里的，就是我的舅舅。

我看了舅妈一眼，舅妈介于傻了和完全傻了的状态之间。我又看了一眼妹妹，妹妹还那么小。再环视一周，还在这间压抑的休息室里面的人似乎各个与舅舅相熟，但响应"D炉的家属"似乎谁也不够资格。

工作人员不耐烦了，问："谁是D炉的家属啊？再有十分钟就出炉了，怎么都没人来领牌位！？"

我深吸一口气，大步走过去，说："我就是。"

那人目光中的惊奇是显而易见的。我也心里打鼓，我是不是年龄不够？我是不是和舅舅血缘关系不够密切？是不是老家有规矩必须要是男人才能承担此重任？我是不是因为不是"王"姓的继承人而没有资格护送舅舅的骨灰入祖坟？舅舅会不会不愿意让我领他的牌位？……但一想我16岁了我都能担负刑事责任了，我不姓王但我深深爱着我的舅舅，这就够了吧？

他扫视了一遍休息厅里的人，才让我在一张表上签了名。恍惚间弯下腰去捡笔，结果掌心被烫出一个泡。那我也舍不得放掉。一个人一辈子能有几回摸到自己舅舅骨头的机会啊！

骨头被放进骨灰盒里，我注意到那个人把头盖骨保留了完整的形态，放在骨灰的最上面，然后盒子被封好放到了我颤抖的手臂上。

身后的人叮嘱："无论如何不能倒手，不能摔了，不能离开你的身体……"

这一次出殡我这一辈儿的有四个人。妹妹抱着她爸爸的遗像，我抱着骨灰盒和牌位。妹妹的姑表兄持着纸幡——那是个用白纸糊成的像滑盖一样的东西，高约两米，垂着很多很长很细的纸条，风轻轻地吹它们就飘，上山的时候我的视线里基本只有这些纸条，因为风把它们都吹到了我头上。还有我的姨表姐。她抱着在灵堂里烧纸钱使用的火盆儿，里面仍然是黑色的灰。她怀里还有一个罐儿，里面装着五谷杂粮、干果，还有很多吃的，罐口放了一张干干的饼，之后在正中间插了一双筷子，最外面包了一层红布。红盆儿要在坟前摔了的，粮食罐儿得随着一起葬下去，意思是在阴间也要有吃有喝，有冥币使唤。

走在我们四个之前的只有一个撒纸钱的老看山人。他穿着灰蓝色的布褂子，脚踩黑色的片鞋，随着他的手臂一伸，黄白的纸张顿时就将天地飘满。这是应该有凄凉的小提琴曲才对，可惜这山这祖坟却静得让人连大声喘气都不敢。

舅舅很沉。

我们在爬山，我的腿已经有点打晃了，再加上为舅舅守灵彻夜未眠，我咬破了嘴唇才没有让那句"歇会吧"脱口而出。因为我知道，我的身后，我万万不敢回头看的身后，有五十多个人在跟着我，在等待着舅舅的骨灰被安放在祖坟内。

身心俱疲时最容易出现幻象，朦朦胧胧间我听到一个女孩在笑，她坐在自行车的后座上，搂着前面的人的腰，很不客气地说："舅，你又长胖啦！"前面的人哑了一会儿，突然故意把车把晃得七扭八歪，吓得女孩一声尖叫。

"啊——"

怎么了怎么了？老看山人回过头来问。

"踏空了，没事。"骨灰盒还带着火化炉的温度，暖暖的，像极了骑车带我出去玩的舅舅的身体。

其实同样都是抱着舅舅。

舅舅的坟在另外两座坟旁边，母亲说，那是他们姐弟俩的爷爷奶奶的坟。不必说两位老人是多么疼爱这个孙子了。

暖暖的骨灰盒被人拿走时，身子打了个趔趄，双臂在不知不觉间麻木了。表姐实在看不下去，在我脸上抹了一把。呵呵，什么时候出的这么多的汗。

舅妈在看到"舅舅"被人放到预先挖好的土坑里的那一瞬间哭嚷了起来："你怎么那么不负责任啊……你怎么就忍心这么早走了……闺女还这么小呢……你一直不是那么一人哪……"之后大家一起哭。其实人真正哭起来时声音是极难听的，完全不像影视剧里演的那么黄莺出谷乳燕归巢。而能毫不顾形象地哭出来的人，若故意憋着大概就要成为疯子了。

我可能就是一个疯子了。出门很匆忙，我从《灌篮》里扯下了一张正面邓肯背面加内特的海报这时烧给了他。舅舅是最喜欢马刺的了。我们还曾经为此打过一架，因为我更喜欢凯尔特人。海报被火吞噬时我带着一丝狡黠的笑意，别人应该觉着我疯了。

下山时我万分的释然。舅舅最终安息在了老家的祖坟里，安息在了他爷爷奶奶的身旁。他并不孤单。

而且，是我抱着他走完的最后一程，嘿嘿，我也是这个世界上唯一一个用手摸过他的骨头的人。我觉着这事儿还没完哪。

故乡人

北京市第四中学　林晨

　　这是两个好像在哪里都能见到的最寻常不过的老人家。

　　我虽然出生在北京，在嘉兴的时间不过两三年而已，可我一直认死理觉得我的家乡就是嘉兴。嘉兴放在江南那一带，算不上什么，富饶比不上上海独领风头，景致也比不上苏杭，有的不过是那份淡然安逸。嘉兴的人亦如此。

　　我住的小院的门口是传达室，那是一间小小矮矮的房子。听外公说，那里原来是有一个半大小伙子看门的，可是嫌钱少，又嫌传达室事情小而烦琐，早早就不干了。现在在那里的一对老年夫妇一看就是十多年，两个人拿着那一份钱，记忆中从来不曾听说过他们有什么抱怨。现在想想，这样的人真是难得。

　　我在那里长的几年，包括长大后陆陆续续回去的几次，印象中从未见他们红过脸，争吵过什么。有时候我猜，这大概也只有嘉兴这一方温润的水土才能养出这么一般好脾气的人，这里的人似乎都是这样温和地笑，这样地不计较。我若是能在这儿多蹭两年的风水，定然也是个好性儿的。尽管那一点工资在我们看来，是少得可怜，似乎是不值得付出许多辛苦，也不值得受那么多累的。但是他们过得似乎很知足。很早很早，他们已经收拾好了房间，洗晒了衣服，将几个平方大的生活打理得井井有条。中午，他们就在传达室门口炒了饭菜，我们这些个馋嘴的孩子隔着好远都能闻到那个香气。傍晚，他们就搬把老旧的竹椅，跟住在院子另一片生活条件不那么好的家庭聊起了家常，一边把信、账单交递给下班归来的人，嘴上还调侃道："今儿看侬家买那么大条鱼啦，啊啦侬个有口福咯。"很晚的时候，从纱窗口可以看到，那传达室的灯还亮着，这是要等那个十二点才下夜班回来的阿姨。等到那个人回来的十二点后，大门才会关上，录音机里放着的咿咿呀呀的评弹也跟着关掉了。小院这才真正完成了一天。文字写到这里，我都觉得很幸福。

老人们有子女、有孙子，只是很少能够见到。老人说，儿子忙着赚钱养家，我俩文化水平不高，不能误了孙女，所以送到托儿所去了。我看过那偶尔开回来的黑色轿车，上面那个瘦瘦的中年人大概就是他们的儿子；我也见过那两个双胞胎孙女，真真像一对儿玉瓷娃娃。少了子女的陪伴，他们于是把全院的小孩当作自己的孩子一般看待，在这里生活过的孩子，少有不喜欢这对老夫妇的。很小的时候我就知道，去到传达室总能被笑盈盈地塞上一把糖果或是瓜子，或是讨上一个卡子。小时候的我皮得厉害，我姥姥是看不住我的，抓虫扑蝶掏蚂蚁窝砸邻居家散养的老母鸡——因顽皮造成的跌打损伤是经常的。那个和蔼的老奶奶总是第一时间过来摸摸我的头，帮已经哭得上气不接下气的我擦干眼泪然后涂上药，拉拉钩向我保证决不跟我姥姥告状。

院子里有两个老人种的花，虽然不名贵，但他们伺候得很精心，到了开花季节更是格外讨喜。只是我们平时玩闹不知道踩折了多少，也不见他们在意过。我最爱干的事情就是帮两个老人浇花，说是浇花，都是他们提来了大桶的井水给我们几个小孩子玩，泼得满院子都是。看着我们嬉笑着，他们脸上的笑纹也跟着皱成一片片。他们是长相最平凡的人了，但那笑容谁看了都会由衷地被感染。

那年我回去，已经距上次回嘉兴三年多了。外公看我下车搬下行李，犹豫着跟我说："等会儿阿公阿婆要是不认得你，把你拦在门外，你莫生气。他们意识是有些糊涂了，有时候连我和阿莲爷爷都会搞不清。"我点点头：人都会老掉，怎么会有怨怪呢？拉着行李，我跨进小院儿。奶奶眯瞪着睡眼看着我，脸上先是一点疑惑然后又是那种豁然开朗的欣喜："老头子，你看看这是不是宝丫头，现在长大了。"那夜月亮很圆，我下楼看见爷爷坐在那把熟悉的老竹椅上，他的目光就呆呆地看着天空。我想不是看天宫里的嫦娥，因为他眼里写满了我读不懂的寂寞。我问他道："爷爷，您孙女呢？"他说道："宝丫头是我们看着长大的，也是我们孙女。"他大概是没听清，可是那一瞬我的泪水一下子涌出来，那种被人记得的感动我用再精妙、再华丽的语言也无法形容。一对与我没有血缘的老夫妇，见证了我人生最开始的阶段，在他们残存的记忆中，有我。

　　我不知道我还能见到他们几次，但在我的记忆中透过那层纱窗，我仿佛还能看到两个忙碌而苍老的身影，还能闻到他们才能做出来的菜香味，还能听到咿呀温软的评弹。一年年，这批孩子长大了，还有一批孩子还在长大，他们就在这里，看着满院的花开花落，听着孩子们的童言稚语。他们于我是故乡最原始最淳朴的味道，他们或许老了，他们或许永远不会老。

身体和心灵的路

第三章

卢梭曾经写过这样一句话："人生而自由，却无所不在枷锁之中。"

对自由的追求，确乎是人类的本能。出于好奇的天性和探索的欲望，我们从树上的猴子变成了七大洲四大洋的旅客。但这种本能无疑受着束缚，特别是对我们这一代而言，我们从小以被灌输而不是亲身实践的方式获得着各种观念，我们的身体被拘束在家和学校之间。然而我们对自由的渴求，与每一代人相同。

有一句话说得好，身体、心灵，总有一个该在路上。可以选择出去行走，到世界的各处瞧瞧，城市里的少年去看看山林、江河，南国的孩子到北方看看雪，基督教徒去参观佛寺的景象，去这个世界上了解同一片蓝天下的另一种人生，去观察、去体验、去思考，并把这一切转换成自己人生的充实；也可以放任心灵在幻想的海洋里徜徉，读几本和考试无关的闲书，看几部能够打动心灵的电影，听几曲流传了千百年依旧有人为之感动的音乐，再把心中激荡的思绪诉诸笔端，去开创一个和现实不一样的崭新的世界。

所谓自由，并不是要反抗你能够反抗的一切，不是说要去旷课逃学、违法乱纪，那是扭曲的自由。世上唯一的自由，应当是追求自由的权利，身体可以被拘束，思想可以被限制，但是唯有向往着自由的热烈灵魂，任谁也无法禁锢。

你可以用你的身体去丈量，也可以用你的心去感受，只要你想、只要你要，自由的芬芳，就在每个人都能呼吸到的角落。

天地之心

北京师范大学附属中学　杜鸣乔

我在这里静默驻足

耳畔是天空中恒久回荡的嘶哑兽鸣

眼前掠过它们奔腾时卷起的无形的风

寻着每一块缄默千年的磐石极目望去

恍惚间仿佛看到世界的尽头

冥冥中谁在召唤着？号角声响彻苍穹

天地之心在脚下深沉地跳动

我用颤抖的双手去触摸大地炽热的皮肤

夕阳即将坠落，自然的血脉

在远方的地平线上喷涌成一片绯红

此刻我只是一名虔诚的朝圣者

拜倒在天地灵魂爆发的盛大时刻

——题记

抵达梦境

从北京飞往肯尼亚首都内罗毕的航程约莫十四个小时，沙漠之都迪拜是中转站，我们在这里稍事休息，等待下一轮漫长的飞行。

　　还好国际航班都提供充足的电影观看，于是在到达迪拜之前，我将儿时最爱的动画片——《狮子王》——反反复复看了三遍，直到降落前电视自动关闭才如梦初醒地从非洲大草原的神奇故事中被拽回现实。

　　疲劳的身体和精神使我在登上转机后立刻陷入梦乡。而梦到的，正是即将到达的国度。

　　庞大的飞机终于抵达辽阔的非洲草原上空，我惊醒，看向窗外。

　　眼前无垠的大地，正是梦境里出现的地方。

土著的篝火排队

　　内罗毕有些地方酷似二十多年前的中国城市，到处是掘土机、大吊车，道路拥堵不堪，鸣笛声四起，几乎毫无秩序可言，落后程度可见一斑。肯尼亚女人和小孩发型一致，每一缕头发都被编成麻花状，再把所有辫子扎到一起。看着使人想起希腊神话中的蛇发女妖美杜莎，遂添了分恐怖。于是我忙把视线转向别处，仿佛直视她们的眼睛也要被变成石头似的。

　　所幸我们的旅行团下榻的酒店是个与外界喧嚣隔绝的美妙空间，各处都种满独具特色的非洲植物，有艳丽大朵的粉紫色花朵，也有高耸入云的热带树木。到达的当天晚上，我们被告知该酒店办有露天烤肉晚会，于是欣然起行。

　　众多植物的光合作用使这里一整天的空气极为清新，傍晚仍然延续。被暗影笼罩的小溪静静流淌着，木桥两侧，昏黄的油灯闪烁着微弱的光芒。偶遇桥边相拥的情侣，便觉这世界已浸在静谧的夜里，所有的气息都将被它融化。

转过弯去，推开院墙上一扇厚重陈旧的雕花木门，悦人的歌声就如甘泉般淌入耳朵。几张长桌，足以容下接近百人；设计成旋转形的宴桌摆满各式水果点心；舞台已经搭起，等待更多客人的到来。我们落座，安静地吃着甜点，但派对还尚未开始。

不久，长桌已基本坐满。黑人女歌手优雅地鞠躬退场。暴风雨般激烈的音乐响起，非洲演员以土著人的姿态登上舞台，开始尽情地表演。演员造型夸张，脸上画满图腾，男子光裸上身，女子穿着绯霞色抹胸与树叶形状的短裙。他们戴椰子壳制成的粗糙面具，眼鼻处挖了矩形的缺口，与西方国家万圣节的南瓜面具有异曲同工之妙。他们头发上插着的羽毛仿佛刚刚从颜料池里蘸过，与孔雀尾羽比起来毫不逊色，颜色对比鲜明。

夜幕之下，熊熊的篝火燃起，大块肉食被穿在粗大铁棍上架在火里烧烤。厨师用铁棒钩起熟肉，手拿切刀，沿座位顺序为客人分食。香肠、牛肉、鸵鸟肉、鳄鱼肉、骆驼肉、羚羊肉热气腾腾地摆在眼前，配上色泽鲜艳的番茄酱、辣椒酱、芥末酱、蛋黄酱，成为特殊的美味。

表演终于开始。"土著人"时而从嗓子深处挤压出沉闷暗哑的低吼声，同时弯腰弓背、把手臂搭上旁边人的肩，脚跺地板，来模仿部落中年轻男子练武时两相对峙的紧张气氛。时而叠起罗汉，站在"罗汉"最顶层的人将酒洒向地面，展现战争临头时部落中战士们的团结一心。时而又男女一起毫无秩序地"群魔乱舞"起来：女子们的身姿旋转舞动在台上，乌黑秀发上飞洒下汗珠，如碎裂的水晶般坠落；男子突然变得无比亢奋，翻跟头的、表演打斗的，无所不有。叫喊声、踏步声、音乐声，声声入耳，不知是谁点燃舞台两边的火炬，夜幕被擦亮，视觉与听觉上的震撼一起袭来，令人猝不及防。

这舞姿必定是非洲人民独有的，它狂放不羁，不同于任何种类的舞蹈，极浓的地域文化气息扑面而来。气氛急剧热烈，大家纷纷站起来围着篝火手拉手跳舞唱歌，欢呼声和台上的音乐声震得我鼓膜发痛，但一融入其中，倒也忘却了时间，乐此不疲了。

派对一直到午夜才结束，大家四散回房。再次路过那静谧的小河与木桥，刚才在这里的情侣已不见了。四周悄无声息，溪水还在静静地流着。走上小桥时，抬头望向木桥两侧的油灯，恍惚间觉得那灯火也像啜饮了玫瑰酒似的，醉醺醺地闪烁着迷离的浅酒红色的熹微光芒。

那夜我睡得很沉，也许是身体在为此后十多天的行程补充能量。我们都知道，旅行才刚刚开始。

温顺的伊甸园

次日早晨，旅行团乘车离开内罗毕，前往安博塞利。五六个小时的车程使人昏昏欲睡，到达终点后立刻进入下榻酒店休息。这次的酒店不同寻常，并非规规矩矩地分为多个楼层，而是就地搭起一个个独立的帐篷，作为房间分给游人居住。房间内虽有些简陋，但设施齐全，撩开帘子能走到外面的自然环境中，给人自由的乐趣。

帐篷外是一条长长的石子路，在午后，这条路上的每个木桩上都落了许多鸟儿。不同于我们所熟知的鸟类，非洲的小鸟羽毛五彩斑斓，赤橙黄绿青蓝紫一应俱全，身姿轻盈。当有游人路过，受了惊的鸟群一齐飞起，在头顶的半空中交织成一片彩虹，格外奇妙。

下午，我们终于来到了此行的第一个野生动物保护区——安博塞利自然保护区。这里是羚羊、大象、长颈鹿的伊甸园，因为它们并没有太多的天敌。猎豹和狮子，在安博塞利是极为稀有的。

进入公园后，在沙尘弥漫的土路上行驶数分钟，车篷突然打开，站起身，前方顿时豁然开朗，辽阔无垠的绿色草原在眼前平铺开来，仿佛延伸到了世界的尽头。远方地平线上草原的翠绿与天空的湛蓝相间，隐约能看见蓝天下几个蚂蚁般的黑色小点——究竟是什么动物？带着难以压抑的好奇和惊喜，全车游客的目光随着车步步靠近"黑色小点"而紧张起来。

原来是一群羚羊。羚羊是草原上最常见的食草动物，身材小巧玲珑，奔跑起来动作矫捷，姿势优雅，除肚皮处为乳白色之外，几乎通体为棕褐色，支棱着的耳朵上有棕白相间的花纹，此外，公羚羊头上长有弧度优雅的尖角，使看似柔弱的它们平添不可侵犯的威风气质。

听到动静，羚羊群并未受惊，只用黑珍珠般灵动剔透的双眼凝视着车上的游客，仿佛在思考我们从何而来。未几，又低下头去安安静静地吃草。作为族群首领的公羚羊在属于它们的这方草原上来回踱步，时而温柔地蹭蹭母羚羊的脖颈，小羚羊蹦来跳去，寸步不离自己的母亲。悠闲自在的羚羊群在食肉动物稀少的安博塞利很安全，所以基本见不到它们遭到肉食动物追猎时惊慌失措、四散奔逃的情形。虽然少了激动人心的捕食场面，但没有人觉得遗憾，毕竟这里太过静谧，使人不愿看到任何杀戮的发生。

水坑，所有动物每天都会光临的地方。高个子长颈鹿是这里的常客。它们喝水的方式令人大跌眼镜——双腿缓缓地叉开，长长的脖子才伏下去，背部隆起成一座杏黄色带白色斑点的"小山包"——如此便喝到了水。这就是著名的"长颈鹿劈叉"的滑稽情形。长颈鹿的长脖子使它能够到高处的树叶，却成了它低头喝水的麻烦。想来大自然赐予长颈鹿的礼物和挑战竟然是同一件东西，不禁使人轻轻发笑。

零星的几头大象也前来水坑饮水。粗糙的棕灰色皮肤，如蒲扇一般的象耳，曳地的长鼻，向上翘起的尖牙，优哉游哉的步伐，看起来与不同的象并无差别，没有停车观看的必要。然而当车离其中一头大象近了一些时，一只细长腿的鸟儿跃入眼帘——它此刻端庄地站在象背上，缩起丰满的雪白羽毛，高高地昂起头，仿佛在对别人说："瞧，我的坐骑多稳哪。"

天空忽然飘起雨来，车转了弯向出口驶去。身后看不见尽头的安博塞利大草原上，几只羚羊停止吃草，抬起头，安静地目送我们离开。即使蒙蒙细雨模糊了它们的身影，我依然看得到这些属于草原的生灵眼中盛满的纯净和温和。

第二天一大早，旅行团便准备乘车返程回到内罗毕，再前往纳库鲁。

安博塞利早晨的空气极为清冽，太阳还未苏醒，已然起了蒙蒙的晨雾。临行前，我不经意地抬起头朝南方望去，竟看见非洲最高峰乞力马扎罗山千年冰封的雪顶凌驾于茫茫雾霭之上，冰雪、雾气与云仿佛化为一体，水乳交融。山峰好似隐在半透明的乳白色面纱后，朦胧不清，使人浮想联翩。

白雾不散，山影不去，恍如海市蜃楼。那座山巍峨地屹立在非洲大陆，接受无数人的朝拜与敬慕。如果它有灵魂的话，一定会在冥冥中庇护这片野性的大地。

贫瘠与希望

在去往纳库鲁途中的中转站，一处光秃秃的黄土地上，我遇见了一群孩子。

那时我正站在马路旁边津津有味地吃着从机场买的薄荷巧克力，不远处的土堆上突然冒出几个五六岁的非洲男孩。他们皮肤黝黑，光头，奇瘦无比，还背着沉甸甸的布包，但却有说有笑。我连忙放下巧克力，举起单反相机，悄悄拍下他们的样子。不料孩子们却正好看向这边——尴尬的瞬间。该怎么办？这样是否吓到了他们？我僵僵地立在原地，为自己的鲁莽暗暗懊悔。

不料那几个男孩却没有表现出半点惊慌，反而像发现了新大陆般激动得手舞足蹈，对着镜头摆出古灵精怪的造型。像超人一样单手叉腰的，作"金鸡独立"一只脚着地的，不停地向我打招呼的……仿佛把脚下贫瘠的土地当作了自己的舞台。我放下相机，带上剩余的巧克力向他们走去。

靠近了，我便能够仔细地打量眼前的孩子们。他们的衣服不知多久没有换过了，沾满脏兮兮的灰土，打着东拼西凑的布丁，鞋子也破破烂烂，有的甚至少了一部分鞋底。他们的身材瘦骨嶙峋，或许只比在奥斯威辛集中营关了半年的犹太人好一点点，而其中几个孩子的肚子却大得不成比例，使人觉得怪异。直到几个月后我才了解，那是一种长期营养不良而引起的腹部水肿，在非洲儿童中极为普遍。

看到我手中的巧克力，孩子们的眼神从单纯的友善变成了贪婪的渴求，我不禁心生怜悯，不敢想象他们到底饿了多久。他们吃巧克力的方式简单粗暴，连包在外面的一层薄纸也不撕掉，直接塞到嘴里拼命咀嚼。手指上融化的巧克力也舍不得浪费，用舌头把每一根手指头都仔仔细细地舔过，才恋恋不舍地吞吞口水，嗫嚅着嘴角，可怜巴巴地抬起头。但我的口袋已空空如也，只得充满愧疚地离开。

但我的脚步却停下了。一个衣衫褴褛的非洲小女孩站在我面前，她背着她的弟弟，安静地望着我。我从没见过这样的眼神。她的目光没有被贫穷落后逼出的绝望。那目光使我想起在安博塞利草原上邂逅的羚羊，像流水一样澄净、纯洁、温柔，仿佛从这充满饥饿、病痛、恐惧、绝望的土地上掠过，一直投向遥远的天堂。我知道，那是希望。

此时此刻，唯一可以战胜一切悲痛的，只有一个可能随时面临死亡的小女孩眼中，闪烁着的希望了。

焰火天使

火烈鸟无疑是纳库鲁的主宰者。每年有无数的游客千里迢迢来到这里，只为亲眼目睹它们一起飞翔时交织成的那片火焰。似乎与它们比起来，任何其他鸟类都不值一提了。

非洲火烈鸟的翅膀呈黑色，腹部为白中透红，如初绽的玫瑰，腋下有一块鲜红的斑点，两腿则红得就像炽燃的两根火柱，姿态优雅，极像天鹅。两翅不时轻舒漫抖，在湖面掀起道道红色涟漪，使人心醉。

纳库鲁风景优美，远处有树，近处有湖，水草丰美，鱼虾不计其数，是火烈鸟的天堂。他们没有天敌，只消日日在这湖中捕食、游泳、嬉水。鸟儿上方，纳库鲁湖便成了烈焰蒸腾的火海，但要想看到鸟群从这片火海中飞起来，可不是什么容易的事情。

我们在岸边坐了半个小时，湖中的火烈鸟依然只是悠然自得地划着水，时不时啄两下同伴脖颈处的羽毛，顶多张开翅膀扑扇几下。丝毫不知等待着他们表演的人早已心急如焚。

有人想出了极端的办法。在岸上不停跺脚，朝火烈鸟大声叫喊，向湖里扔小石子……但都无济于事。火烈鸟们高傲得像一群贵族，吝啬于展现自己，又像是看不起他们的"臣民"。又过了十分钟，依然没有出现任何值得惊叹的画面。

游客们正要扫兴离去，一只看上去最强壮的火烈鸟"嘎"地叫了一声，万千火烈鸟倏然腾空，排成整齐的队伍，绕着湖边翻飞，烈焰般的翅羽幻化成一片彩霞，直绕中天。这边有一群火烈鸟落下，另一群火烈鸟又跃然飞起，在空中交错成绯红的绸带，妖娆地缠绕起伏，壮观非常。一时兴起，鸟群集体落回水面，扑棱双翅，翩然起舞。每当此时，湖光鸟影，交相辉映，犹如万树桃花在水中漂游。这奇幻的景色，被誉为"世界禽鸟王国中的绝景"，而火烈鸟则被赋予"火焰天使"的至高称号。

"火焰天使"骄傲如孔雀，但上演的如此绮丽场景，怕是要让孔雀也自惭形秽吧。

热气球之旅

马赛马拉大草原——位于肯尼亚西南部与坦桑尼亚交界地区，非洲之旅的最后一站，也是压轴的重头戏。旅行团傍晚到达，住在特别布置过的帐篷里，吃过晚饭后美美地睡了一觉，等待草原上空的热气球之旅。

第二天早晨四点，草原上的动物还没开始聚集，我们便摸黑起床。热气球升高后，空中气温比地面低许多，所以我们不得不穿上尽可能多的衣服。两件T恤，两件外套，两条牛仔裤，两双袜子，再用围巾把脖子捂得严严实实。全副武装后，旅游团乘车前往草原。

马赛马拉仍未苏醒，天空是淡淡的灰蓝色，像结了一层霜似的，月影已很淡了，但仍不散去。白天里青翠的草原被还没褪去的夜幕渲染成靛蓝，无边无际。

热气球开始点火。工作人员用火焰喷射器向热气球内喷射火焰，机器发出巨大声响，炽烈的火苗燃烧着，高温使气球鼓胀并慢慢立了起来。我们跟随一名"船长"爬进热气球下的吊篮，气球缓缓升起。

我把头探出吊篮外，俯视草原。如果说在地面遥望尽头会觉得邈远，那么在空中鸟瞰只觉得眩晕。草芥的浅绿、树木的深绿、枯草的黄绿这是都被凌晨的暗色调打乱了，每个色块的边缘都模糊不清，融为视线里大片大片的墨绿原野。茫茫草野中只有几只斑马，即使他们后背的黑白条纹看上去十分清晰，但依然渺小得不起眼。

热气球在天空中小心翼翼地转了个弯。河边，一对长颈鹿母子正与一只土狼对峙。土狼是体型较小的食肉动物，主要吃腐肉、鸟卵与白蚁，基本夜间觅食，性懦弱。幼年长颈鹿弱小，草原上的任何掠食者都可以成为它的天敌，而成年长颈鹿无路可走时却能一脚踢死一只母狮，只有狮群之间合作才可杀死它。此时，长颈鹿妈妈将自己的孩子护在身后，一动不动地盯着对方，土狼则踌躇不定，最终转身逃跑。

头顶有恍惚柔光，望去，天边已泛起鱼肚白，朦胧地笼着一团淡黄色的光晕。光晕像被放进了慢镜头般延伸开来，越来越明亮，终于戳破了那薄薄的白纱。灿若宝珠的初阳从远山上升腾起来了，像个顽皮的孩子，将头探出一半后，忽然颤了一颤，霎那间鎏金红霞喷薄而出，淋漓地嵌入云间的缝隙，将万丈白绸割碎，从每一块裂帛中间熠熠地流出金芒。金芒像奔腾的潮水不受控制地漫向玄青的大地，始终黯然无光的草原像被点了燎原的星火，一切景物都睁开了睡眼，面对亮堂堂的世界。

零星几只热气球在破晓的晨光中随风飘动，草原上的动物也逐渐多了起来。犀牛在水坑边聚集，比试谁的角更结实，大象在泥塘中打滚，享受清晨的片刻宁静。一只秃鹫张开斑驳的双翅从身边掠过，寻觅昨夜狮群或花豹遗留的猎物的腐肉。上午，热气球之旅告一段落。

按常规，旅客受邀在马赛马拉大草原上享用早餐。琥珀色的香槟已经在冰块中镇了许久，鸡肉派、果酱小甜饼、土豆沙拉、胡椒酱和芒果汁摆满桌子。天空已是透亮的宝蓝色，刚刚锦缎般的朝云像被日出融化了，不见踪影。

草原被晨露浸过，像翡翠一样绿得逼人眼，不远处几只不怕生得小羚羊望着我们，像在欢迎马赛马拉的来客。

渡河到勇气的彼岸

接近下午五点，头顶已经有几许染了点绯色的云。太阳明显没有之前那样火辣炽热了，像被什么无形的力量向西边的天空缓缓拽去，不甘心地收敛了自己的光芒。被炙烤一整个白天的马赛马拉大草原终于盼到了阴凉。

草原上是一片黑压压的角马群，群众似乎有些骚乱，角马们正在不安地踢着蹄子。我再没见过比角马更难看的生物了，他们的脸部比普通的马还要长，全身都为黑色，头部和背部有很长的鬃毛，头上明明长着角却毫无公羚羊那般威风的气势，脊柱上还有一块突兀的尖骨头，颓废的姿态更使他们看起来像是驼背的老头。

每年的六、七、八月份，这长相不令人讨喜的动物会在这片草原上大量集结，等到时机成熟便开始迁徙，穿越马拉河，到河的另一岸去，因为那里有更加鲜嫩的草地。为了生存，必须离开——即使在前方等待着他们的，是马拉河看似安全平静的水面下，暗藏的大群鳄鱼。

每一年葬身鱼腹的角马数不胜数，这是他们前往新家园的代价。

天边的暮色又浓了些，太阳快要开始落山。

"即将开始了。"身边的摄影师沉稳的声音忽然响起，接着熟练地举起手中的长焦单反相机。

马拉河畔并不平坦，而是一片倾斜的滑坡，很明显是之前一批又一批的迁徙族群冲往河中时留下的遗迹。现在我们面前这些即将面临生死挑战的角马们躬起身子，目视前方，排起整齐的队伍，一改刚才萎靡的架势，整个群体由内而外散发出不可冒犯的气焰。我的心像军鼓被敲响了一样砰砰跳着。

他们开始向河里冲。一排接一排，一队接一队。必须快速过河，必须争取时间。我看到他们黑漆漆的背脊在河水里一沉一浮。就在领头的那几只角马马上要渡过河爬上岸的时候，一头刚想把自己的一只腿迈到岸上的角马猛地往河里一沉，随即发出了撕心裂肺的吼叫声，它拼命地挣扎，使劲摆动着长满长毛的头，可惜仍然躲不过河中杀手的利齿。

鳄鱼，终于出现了。

水里的角马看见自己同伴的死，反而游得更快、势头更猛；岸上的角马悲愤地扬起马蹄，朝天嘶鸣，旋即冲向马拉河。现在，这个平日温顺的种群已经不顾一切。我几乎能听到澎湃的呐喊声："这里是地狱，但渡过了地狱就会到达天堂！"

血红与金黄交织成的霞光犹如一瓶色泽浓郁的墨水泼洒向黄昏时分的天幕，夕阳坠落到远方金合欢树宽大的树冠上方，使树的模样变成朦胧模糊的剪影，斜斜地投射在空旷的地面。那是只属于非洲草原的凄美落日，为眼下的情形更添悲壮。我感到微微的恍惚，隐约间脚下的大地突然开始震动，将意识扯回现实。

"乱石穿空，惊涛拍岸"完全可以拿来形容角马迁徙的壮观场面。马拉河终于爆发，草原已经沸腾。河水中又浮现出无数鳄鱼丑陋的头，它们张开血盆大口，迎接不走运的角马。平常安静无比的马拉河现在暗流汹涌，处处隐藏杀机。快门声此起彼伏，镜头对准马拉河正在上演的悲剧。当角马的鲜血染红河水，当一具具尸体即使死后也不甘心地浮起，却又一次次被鳄鱼拖拽撕咬时，我感觉到一种无法名状的感情在胸中膨胀，深深地对这些勇敢的动物萌生敬意……

当最后一批角马终于拖着筋疲力尽的身子爬上岸后，我们的旅行团爆发出震耳欲聋的掌声。

此时的角马群已经疲倦不堪，他们低下头安静地在河岸边吃着草，又恢复了一副温驯的样子。

仿佛什么都没有发生过一样，但我知道这里发生了什么。

那是勇者的渡河。

刚刚灿烂过的夕阳渐渐收敛了光芒，缩成一只橘红的灯笼，疲惫了似的，变得柔和，像是也被角马们感动了，温柔地悬在浩渺的天与远方地平线的边缘。高大的金合欢树失去日落光芒的笼罩，恢复暗调的色彩，坚硬的枝条像伸开的手臂，在风中微微颤抖着等待太阳坠落，仿佛在送别一位感情深厚的友人。

金红的晚霞随夕阳一起为这次悲壮的迁徙叹服了，不久便像落入玫瑰酒里，醉醺醺地漾出最后一抹酒红色的云霞。

旅行社的观光车沿离开保护区的路线行驶，卷起一阵阵烟尘，我坐在靠窗的位置望着即将步入夜晚的马赛马拉大草原。今夜，那些经历了最残酷的战斗的疲惫的角马勇士们，定会沉沉入睡吧。毋庸置疑，他们还会见到明日的太阳，在河那边丰润的草原上"安居乐业"。而我，似乎从这天的所见之中悟到了什么。

人的一生，要像角马一样，过很多次河。那些暗藏在水面下的鳄鱼就代表着困难和挫折。有些人始终站在河岸打转，不敢冒险过河去更好的地方，这类人便一生庸庸碌碌，毫无作为，因为他们不具备足够的勇气。有些人英勇无畏地冲入了这条死亡之河，但他们当中一部分凭借勇气和智慧战胜了千千万万的"鳄鱼"，另一部分不幸地被某一条无法战胜的"鳄鱼"拖入河底。

但在这时，成功与否，也许并没有那样重要。勇敢的人们在地狱中摸爬滚打过了，即使最终依然与河对岸梦寐以求的天堂擦肩而过，又能怎样？"尽人事，听天命"。只要是克服了犹豫和恐惧的人，哪一个不是英雄呢？

"奇丑无比，姿态萎靡"的角马的身躯中，却隐藏着足以撼动天地的勇气。人若拥有"角马精神"，该是多么难能可贵的事情。观摩完毕这场勇士与死亡的决斗，我愿带着无畏的精神，渡河到勇敢的彼岸。

天地之心

我曾去过许多地方，游览了无数令千万人心驰神往的风景名胜。旅游的次数多了，便觉得哪里都大同小异。但肯尼亚之行给予我的，不只是视觉上的震撼，更是心灵上的感动。

从小学起，我就经常守着电视中播放的有关非洲动物的纪录片一看好几个小时，醉心于那片辽阔草原的空远壮观，为被狮子追捕的斑马提心吊胆，为长相逗人的犀牛捧腹大笑。但我从未知道有朝一日自己能够身临其境地感受这一切，能去往心中最崇敬的国度。它是那样的圣洁，那样的遥远，以至于年幼的我只把它当作一个梦想，甚至未曾想过达到。

然而在初一升初二的暑假我完成了夙愿。

那次旅行已经过去一年了，我依然清晰地记得那些场景——篝火下的土著舞蹈，晨曦中的乞力马扎罗山雪影，羚羊奔跑时的矫健身姿，非洲孩子充满希望的眼神，纳库鲁的火烈鸟之舞，马塞马拉大草原的破晓，猎豹雍容华贵的气质，狮王的至高无上不可一世，角马在马拉河中央发出的凄厉悲鸣……

如果天地有灵魂的话，那么它一定将它的灵魂安置在了这片野性的土地。

雪山顶峰呼啸过的猛烈的风暴，是它高歌的呐喊。

邈远苍穹坠落下的蒙蒙的细雨，是它纯洁的泪水。

地底深处奔流着的红熟的浆液，是它炽热的鲜血。

它像一个至高无上的神明，而这里是它的故乡。

——那片苍茫大地深处跳动着的，是天地之心

十八岁在路上

北京师范大学附属中学　洪天贻

一

大巴车摇摇晃晃，六月的太阳因巴蜀山地间的崎岖阻挡而迷蒙起来，一层金纱似的铺下来，坠得人眼皮沉沉的，暖烘烘地想打瞌睡。即使是行驶在公路上，车子仍时常颠簸，太阳中等强度的炙烤依然迸起碎石飞沙。

洛林坐在大巴车的第一排，正前方是遥遥无尽头的灰白色公路，以及坐在司机旁打着电话的导游。她心不在焉地翻着一本乏味的小说，不时抬眼望一望窗外千篇一律的单调青山。身边的母亲熟熟地睡着，脑袋随着汽车的颠簸而左右晃动。后座的父亲旁若无人地大嗑瓜子，聒聒地恼人。洛林前不久刚刚高考完，母亲从焦头烂额的医院工作里精打细算地请下假来，又精打细算地安排了一家人来四川的每日行程。父亲则是长期失业在家，一年来忙里忙外地和她的高考较劲，做饭，接送，自主招生，跑大学，报志愿，他好像也突然有了个目标似的为女儿忙碌了起来，因此现在能够怡然自得地做乘客大嚼瓜子也算是一种如释重负的难得奢侈。母亲到哪里都是一副奔命的姿态，现代化的疲惫竟从大城市的繁忙里一路追了过来，几天里紧赶慢赶策算着要看遍所有景点以消耗足这假期的作用，走在路上指挥着大照相机，小照相机和摄像机，一家人背着大包小包有要去灾区赈灾的架势。到景点也是母亲指挥走马观花式的拍照，最优路线，省时省力，在如织的游人间推搡，只为了咔嚓咔嚓照个没完。因此母亲也总是最累，上了大巴倒头就睡。

大巴上共三十几人，是临时拼的团，互相间并不认识。有四个同龄的学生，也是刚刚高考完，从山东来结伴而行。这几人在车上总是没边际地聊着考试，满嘴的不在乎与解脱感。他们说的字字句句清晰地从后往前飘到第一排洛林的耳朵里，让她很是不快，勾起一年来种种心惊胆战与惊魂未定。用"考试""题"和"分数"这种字眼来激怒洛林是一试一个准的，她耳朵里专门伸出对应这种词的炮仗捻，一点火星就能引爆她脆弱敏感的可悲神经。

亲戚眼中完美的放松旅行，洛林只觉得倦怠。学习带来的压力非但没有因此消散，反而变成了隐形的负担缠绕在她的潜意识里，自顾自地疯长。和家人出来从来就不会是年轻人渴望的放纵享乐的疯狂之旅。走形式般地拍照，赶大巴车，吃饭，下榻，对着熟悉得能默写下来的两张脸，洛林什么话也不想说，看见新奇的风景也无心惊讶。前一天父亲和导游黑了脸，原因是导游劝全车人自费参加民俗活动。说了是自愿，就因为看不惯导游夸张的推销式劝告，还是要和人理论几句，不去也非得讲明白自己的理由，还要人家赚钱的理解你这理由。理由无非是大城市人那遭人鄙薄的优越感引来的：我们什么都见过，谁看你这骗人钱的破玩意。洛林忍气吞声地听着父亲跟人理论，觉得丢人现眼得可笑，恨得牙根疼。气氛因此变得更加消沉，路边的风景也无法唱歌，只是呆呆地在太阳光里烤着，像散发着让人脑胀的气味的油漆画。尽管去拖沓和沉滞吧，反正哪里的空气都是被污染过的，轻盈洁净不起来。

这季节正是当地山里枇杷和樱桃水灵灵落地的日子。大巴一路开来，路过无数个休息站，每个都经营着水果生意，路边上也有当地人背着竹兜走走停停地贩卖。水果大都是从山上刚刚采下来的，鲜亮有光泽，咬一口，甜得沁爽，也便宜得让人吃惊。因此一路上嘴就没停过，黄嘟嘟粉嘟嘟地甜过来。咬着樱桃，贪着吸里面诱人的汁水，不知怎么的洛林又想起刚过去的那一年。一切又显得遥远而模糊，可是明明几天前才结束。她简直不敢再想，不敢想去握笔，不敢想堆得比人高的卷子，不敢想曾经那样盲目而疯狂，自认为很有目标。痛楚，疲惫，窒息，绝望，挣扎，自我否定通通都不厌其烦地反复拜访过她，但她不想对这些经历有任何抱怨与诋毁，相反，她觉得这些都很平常，似乎成了城市里的孩子必经的常情。尽管她不是为了争名争体面，但是显而易见的是，城市里的孩子，大批大批的孩子，中产阶级家庭、工人阶级家庭的孩子削尖了脑袋进高等学府，没日没夜地扎进书本里学，不加分辨地接受考试所要求的一切，家长们刻毒地、病态而扭曲地攀比着孩子的成绩，无非是想用消耗掉的青春买来孩子一个一表人才的未来，想证明自己在文明世界里是高人一等的，可以享用俯视的姿态。虽然并不认同也未被灌输这种观念，但是洛林还是不可避免地感到自己成了体制下扭曲的社会价值观的牺牲品，或多或少地，她在某种程度上已经成为一个机器，刷题刷题考试考试，为了现在看来不值一钱的分数和名次日日夜夜挣扎着，感到山穷水尽心惊胆寒。

　　紧张的情绪蔓延到这次旅行中来。每个晚上她都梦见考试和分数，焦虑，压迫，梦魇像穷追不舍的讨命鬼一般甩不掉。它们要审判她，残酷而无情地审判她，审判她可笑可悲的努力与拼命，审判她的屈服与懦弱，煎着她的心作乐，宿命般地暗示她可怖的结局。

　　她成年了，可仍觉着自己是个孩子。她实在是苦恼为什么就被无形的一切牵扯得这样累，这样惊魂难定。实在是非人的折磨。

汽车拐进一个休息站。导游起身，抄起话筒，前面要进入一个羌寨，照例下车参观。

二

从羌寨出来是一个旅游工艺品集市。长长的红吊绳上挂满花花绿绿的绣包和镯子，有的绣包上很傻气地缝着卡通图案，大大的动物眼睛凸出来，和民族风情一混搭简直错乱得可笑。集市前面依旧是水果摊，十八岁的阿桑坐在一张矮椅子上，面前堆着两袋子樱桃和一袋子枇杷，他卖水果。

阿桑是这羌寨里土生土长的山里孩子。几年前的大地震把寨子震得乱糟糟，而阿桑的亲人竟万幸地全部幸存。曾经，寨子里俯拾即是坍塌残损的屋瓦和破碎无法愈合的眼泪。乡邻铺天盖地的滔滔眼泪让他对自己中彩一般的幸运感到恍惚的罪恶。灾后国家给每户的补助并不充足，都是靠后来寨子开发成旅游景区才盖得各家自己的房屋。房子里是有人，人却少了。寨子也挂上5A级景区的牌，从闭塞落后的原始族落走向了现代化的科技与文明。阿桑对此怅怅然。人的失去还在持续引发着悲痛，熟悉的景致也要更换：被翻新，被注解，被标签化、规范化，被用于消费，被用于摇钱，被用于满足山外面的人。阿桑是不喜欢这样的，他虽没失去家人，但已经认识到人世间事物的易逝，因此不愿看到自己生长的土地在经历自然的重创后再受到拜金文明的二次摧残流失它最古老最真实纯粹的肥沃精髓。

懒散的假期里，他每日顶着太阳与水果摊为伴。看着每日来往的游人，一批又一批，没有面孔没有痕迹。他们漫无目的地带来金钱与垃圾只是一味地消费拍照，并不懂得眼前正在流失的文化血液与精髓。他们看水果的样子，挑挑拣拣，脸上新奇、犹豫、猜疑的表情显得小气，让人不耐烦。他们是大城市来的人，山外的人。看着他们质量上乘的衣服和昂贵的电子产品，阿桑倒从不妒忌羡慕。阿桑只是觉得这些人大概也和他差不多吧，有了这些东西又怎样，来来往往看起来也是漫无目的，他们也没在追逐什么更有价值的事。

什么是更有价值的事呢？阿桑想不出来。这就是地震之后最困扰他的一点。身边潮水般涌来的死亡让他明白生命的脆弱，自己的幸运又警醒他生命的可贵。喘着他这在鬼门关前走过一遭的一口气，阿桑突然不知道干些什么好。每一秒都在轻而易举不留痕迹地逝去，人生也逝去得不留痕迹。做任何一件自以为有意义的事都只不过是在让生命逝去，而生命是这样宝贵，没有任何标准可以倚仗来判断那些自以为光荣的值得付出情感的行径究竟是不是在浪费生命。

读书在他从来就没什么光辉耀眼之处。"走出大山"也没有成为他的人生目标。上大学，或打工，去城市里追逐、奋斗，赚回满满兜兜的钱，花也花不完，再衣锦还乡，有什么意思？看似人生充满动力，为了一个金光闪闪的目标上足发条，没日没夜地转呐转，最后到手不过是一时的富贵和虚荣。钱是用来安慰人的，就像那些灾后的赈款。

留在山里又会怎样呢？像祖辈人那样承受上天的喜怒哀乐，原始地生活？阿桑怎么说也是个有些知识的独立的孩子，这样的传统他还不想一味地遵循。种地、盖房、盖羌碉、学羌笛？根本不现实。这不是属于他的生命。而在信息化网络化的先进的飞速的二十一世纪，寨子早成了旅游区，羌族的根正不可挽回地流失。水冲沙的大势，是他能挽回的？

想到生命是一瞬一瞬的，真是不知怎么办好。也许生和死就是风车的两面，顺风的好日子吹动生的那一面，啪啪啪转掉无数个数不清的瞬间。而风向说转就转，转眼就可吹动死的那一面。

因此他也不知道那这一瞬一瞬做什么，什么有意义？

他也不知道未来那些属于他的一瞬一瞬里会出现些什么，他命运的列车会走哪条轨道。

高中毕业，他没想再上大学。放了假就蹲在这卖水果。看着城市里来的人擦过大山的边。想来想去，世界上似乎只有两种地方：大山或城市。现在站在两者的边界上，看不分明谁更值得向往，实际上根本是无处可去。两边半斤八两，都是废墟。只有水果欣欣然地熟，准时得很。它们无忧无虑，还不知人间的故事。那样娇滴滴的甜脆，鲜艳，勾起阿桑心头无法抹去的忠实乡土情怀。纯净的奶黄、绯红，纯净的甜。阿桑也想要自己的生命纯净，只是为宝贵的生命而生命，而不是为了人们趋之若鹜的庸俗之物奔命。

三

休息站下车，抬眼是蜿蜒盘转在碧青山坡上的羌族土楼。一栋栋独自依山而立，相互间遮遮掩掩，仰视起来迂回错落。澄澈的天穹薄薄地罩着山坡，投下大片深绿色阴影，几头牦牛在深绿地毯上懒散地漫步。疏朗的天空让洛林缓缓吐出一口气，来自现代文明的束缚与禁锢终究是要在天然元素面前败下阵来。风也是溪水般的清凉，穿透暖烘烘的紫外线抚摸着洛林的手臂。

父母突然想起来还要给在成都的亲戚带点水果，于是再次徘徊在甘甜便宜的水果摊前。那种倦怠与厌烦再次回到洛林心里，旅游的附属品竟然是一种可笑的责任。对别人负责？自己的旅行为什么承担着喂饱别人肚中馋虫的责任。多余的礼数与客套，这种使命感让所到之处蒙上一层水泥灰的重压。

洛林感到自己正在被这种水果摊前无意义的停留消耗。前两天在另一个摊区买水果的时候，父母因为称多了的一点斤两和摊贩争得面红耳赤。后来那个小贩又怀疑他们卖的前一袋樱桃钱给少了，惹得父亲直接横眉竖眼地暴吼：穷疯了！现在想起那句"穷疯了"脑袋里还嗡嗡响。是整个社会在生病：城里人病恹恹怨声载道地刻毒腐烂下去，乡下人眼球暴突地眈眈虎视一切接近物质世界的机会——那是落后于城市文明的饥渴。洛林只是觉得恐怖，这就是她以后要步入的社会，满满的矛盾与敌意，实在是不敢想未来的日子。一边是先进与速度带来乌烟瘴气的窒息、算计、嫉妒、争夺；一边是纯朴澈净的风景前不置可否的落后贫穷，人心也复杂污浊起来。

樱桃和枇杷装满三个麻袋，麻袋后面坐着个男孩。樱桃与一路上的桃红艳红紫红不同，是浅黄掺红，远远看去像是在奶里泡过。男孩很年轻，头发剃得极短，细细的眉毛微皱，眼睛和口鼻长得还算端正，面色是黄土色，上面留有太阳的晒痕。四肢细长，穿有污迹的白T恤和牛仔裤。他也不揽客，只是等人走到麻袋前才指着说：五块钱一斤，特别甜。洛林的父亲弯下腰去挑了一颗樱桃尝，便决定要买。

"来三斤。"

男孩从腰后掏出一只铁杆秤，把樱桃放到小铁盘上去，慢慢用手拨刻度上的绳，说："三斤多。"

"算三斤吧！"

"就欺负我们小娃娃。"他略有不甘地撇了撇嘴。

父亲觉得好笑："你多大了？"

"十八。"他讪讪地说。

一家人都很惊诧。

"我家女儿和你一样大！"父亲指了指洛林。

洛林很不喜欢被这样指着，好像她是被买来的商品。她又看了男孩一眼，他也看了她一眼，眼神直直的。实在是不像十八岁。脸上那幅成熟相在她的同龄人中倒是很常见，但就是历经风吹雨打的粗糙皮肤实在是有点苍老，土地的孩子的标记。

她寻思起他们同龄这件事来。

不知道这个男孩的十八岁是怎样的。他高考吗？上大学吗？他住在羌寨里还是城里？他反感城市里来的人吗？他未来会怎么样呢？

她全部无从得知。

城市与乡村有的只是差异而非优劣。同样的十八岁，地域的雕刻与金钱的腐蚀造就了怎样的天壤之别。

她不知道他是否也像她这样对命运无所适从，也不知道他是否想过未来。突然间她感到一种渺小与虚无。两个同样大的孩子，共同走到命运的路口，对彼此一无所知，却面临同样性质的选择。处处都有不尽相同的十八岁的人，想必是一大群一大群无法计数，而她的茫然与怅惘显得多么微弱，那一点点游移的哀伤与忧虑不过是眼前这口近在咫尺的生活大锅中一份微不足道的汤料。人和人没什么不同，都是安静地、默默然做着各自的选择，安静地、默默然地走各自的路，安静地、默默然地直愣愣面对生活，深深扎根眼前的土壤，踏出印有自己脚印的一条土路来。

她想到她几个月前经过深思熟虑做出的选择，神圣地选择新闻专业，神圣地想要追寻真相，把社会挑筋抽骨地看个透，再发出理性的声音。她是城市的人，就利用城市能给她的便利来走自己的路。她似乎看见一条已经塑造成形的人生轨迹。那是不可背叛的选择，是扑面而来的人生，真实得应接不暇。蜀地山间的夜风，冷不丁钻进脊梁的一阵寒。

她觉得脑子里凉凉的，有点紧张和兴奋，径自回到了大巴车上。

四

阿桑打量着眼前的一家三口，普普通通的游客模样。父亲肚子腆出来，面色发黑，浑浊的眼睛上戴着银边眼镜，背着个鼓囊囊的旅行包。母亲穿着运动衫，也很胖，斜挎着一个大背包，插着腰，脸上的皮塌着，显得很疲惫。女孩远远的，穿一条蓝裙子，戴着黑框眼镜，脖子上挎着沉而大的黑色相机。

父亲尝了樱桃后要买，和他还价。他玩笑似的说那个父亲欺负小娃娃，结果竟得知那女孩和他同岁。他这才重新看那蓝蓝的人影，说是十八岁也信，但总觉得应该再小一些。不过那双眼睛说十八岁倒是丝毫不少，漆黑而深地望。

呵。城市来的人，竟也是十八岁。看起来大概拥有标准的顺风顺水的未来：名牌大学，体面的工作和工资，幸福舒适的婚姻，走到哪里都可以不动声色地暗暗骄傲。

阿桑把这条人生轨迹翻来覆去地细细想过，看着那一家三口渐渐走远。心中暗暗流淌的苦闷突然被那条人生轨迹遥远的诱人光辉激起一种好奇和不甘，想象到她未来可能的日子。阿桑不由得也想尝试那是怎样的感觉，至少不会像自己眼前这样苦闷吧，肯定不会！看起来她至少自在得飘飘然，完美的人生没有值得困扰的余地。

光鲜无忧的花花世界，想想也诱人。也许，也许他会在哪里发现些什么，至少能发现另一种生活。

什么都好过他在这水果摊前白白消耗自己。

但城市仍是太远，遥不可及，仅是触摸似乎都会麻烦不断，更何况他清楚自己实际上没心也没力气去咬紧牙关屏息用力伸长手臂去争夺本不属于他的人生。

阿桑心里一阵默然。

他始终明白他是属于巴蜀的山川的，属于正在不可阻挡地面目全非地破碎化的山村，正在向城市蔓延的山村。但终究是山村，这天、这云、这深绿浅绿、这樱桃枇杷、这日复一日奔跑的土地、年年夜夜枕在床板下的土地，他摆脱不得，逃离不得，只有继续看着异化僵硬的家乡，浸在这份茫然中，日复一日地寻求解脱和出路。

他并没有想与大山割裂，他怎么会想割裂自己血液的源泉？他的一切都渗透在大山的草木花树中，包括他自己尚未察觉的归属感。

只是他想看看那些不同，看看大山以外的天空，即使不会有什么不同。不然他不知道自己闷闷的心跳应该往哪放。

他已经成年了，不再是孩子了。

震后山麓的土路已变成公路，他紧握自己刚刚成熟的新鲜生命，无论如何艰辛惶惑，走一遭总是来之不易的旅程。因此就去未来的迷雾里闯一闯，停一停，总之人生的路，是会越走越宽的。

五

他们奔向各自的人生，在不同的土地上流连回旋，而始终被自己的土地牵引束缚。对这一切，他们知道也不知道。

大巴车前排的那本小说即将被再次翻开。

羌寨前麻袋里的樱桃枇杷蠢蠢欲动。

与山海为伍

北京市第四中学 李曼祎

曾经的旅行，使我习惯了穿梭于陌生的街衢，凝视那与我仅一面之缘的异乡人；习惯了仰望屹立于河畔的高塔与凌驾在山间的古寺，想象着先哲曾踏过的土地；习惯了买下每张精致的明信片，将各种好玩的纪念品摆在自己桌前；习惯了每夜在床边写下旅行笔记，将风景凝练成素描，将人文归结在心底。可此次的台湾环岛行，却打破了我曾有的一些习惯。在我眼前的，不再是塔寺亭台，大街小巷，而是绵延的高山，天地般广阔的海。我并不遗憾，反而感到很幸运，自己终是在那么多次行走后，仍然能从路途中发现新的意味与体悟。

行程的最初几日，眼中尽是山海。清晨大巴沿着花东海岸前行，一路太平洋海水的景致，令困倦疲惫的我也不忍闭上眼睛。我并没有耳目一新的激动，亦没有生动描写下大海景致的冲动，我似乎只是打心里想静静凝望。

描画这清晨海景的艺术家是辛苦的，因为海天无外乎是蓝色，钻蓝、纯蓝、深蓝、浅蓝，无论怎么调色，那终归是清净的风景，寂寥而广远的大洋；描绘这海的文学家也是辛苦的，人能摸清家乡河底的每一块石头，泛舟游遍一片平静的湖潭，可赤裸在阳光下的海面摒弃了所有细碎的情感，直抵天边，仅剩下哲思般地追问与回音。

　　我一时语塞，那些天花乱坠的辞藻在如此深远的景致前都显得不堪一击。我不禁想追问，人类的文字到底有没有极限？我是否能用一支笔写出我面前的海，我身后的山，我是否能用话语道尽太阳的东升西落，云雨的更迭变化，栖居在大地的户户人家？我若一日日地在海边徘徊，描摹艘艘帆船，阵阵浪花，我的语言会否枯竭，心中还会否有新的疑问与回答？

　　站在海边，我能感觉到天空已很近了。那天上是否有叱咤的神仙，那深海里是否有龙王宫殿；吹过我发梢的海风会否吹落背后大地上的一片红叶，吹来天空中的一场雪，吹开枯草间的一朵小花，吹绿整片山野——那阵海风，是否还会回来，与同样再次回来的我邂逅于同一个海畔？

　　我并不通哲学，涉猎的书籍也有限，但这海竟催得我追问极限，思索命运轮回的问题。我曾认为这些问题很无聊，人生短暂，只需思考当下几十年的命运就足矣了。这或许是因为身处闹市人潮中太久，感觉自我都难保，更不要谈天地了。而同山海在一起时，我自己的感觉很渺小。

　　在这山海间，我并不伟大，也不卑微。甚至有那么一刻，我忘记了自己，与脚下的这片土地。我好像就是万千朵浪中的一朵，沙粒碎石中的一点，或是一阵海风，如此平静而幸福。可惜我不能久留，以至于至今我也未能猜出当时心里种种释然而奇怪的感觉是如何产生的。好像心中藏着一个隐秘的盒子，一本外文书籍，像是藏传佛教中的伏藏，里面有很多人生的大智慧，只是平日的我无缘打开，唯有与山海为伍，才能有所领悟。

　　可也真奇怪，我未曾读过哲学，心中却提出了哲学的问题；除了一两篇文章，桌上那本南帆的散文集《与山海为伍》我至今也没怎么读过，可我当时望着台湾的山与海，心中竟一下子蹦出这五个字来，可又不敢说出口，怕是错用了作家的文义。回家后看到书封，发现南帆所说的"与山海为伍"中的山海便是闽南的风景。这心中小小的通悟令我窃喜，读了多少书，不如走上些路罢。这山海间，像是真的有神谕下达。

记得在太鲁阁时，车沿着曲折回旋的山路行进，午后的阳光时而射入车窗，时而被群山浓荫遮挡，唯有一次，光透过层峦叠嶂，洒在山尖，宛若天明。我好想能理解古人为何有诸多的神话传说。看到山顶一片这样的光明，置身于阴凉山麓的我心中也不禁产生种憧憬圣洁的感觉，若说窗台上的阳光与之来自同一个太阳，这反倒令我费解。偶尔的，我也能从窗前脚下的一缕阳光中感到欣喜与快乐，但那同山间圣洁的光真的不同。

曾经读过济慈的一首诗：

科学将剪短安琪儿的双翅，用规则和准线打破所有的秘密，把幽灵赶出天空，把地精赶出洞府，把天上的彩虹拆散，叫它们永远不再编织。

济慈是个诗人，他敏感地对工业革命之初人类社会风风火火的发展感到担忧，而现在，人们只是比当时更加偏离自然，少有信仰了。我相信科学，那或多或少地解释了客观的规律与事实，是勤奋的人日夜探索的成果。可我又着实为人们掌握科学后所衍生出来的自大和不屑感到悲伤。我们有时候，难道不是发展得太快了一点吗？为达成目的，我们是不是太急功近利，以至于最终迷失了真正的目的？

我们台湾的导游阿义哥哥告诉我们，台湾即使再富饶，他们也不会动这山中的矿产树木，这是为自己，也是为子孙后代着想。我想这不仅仅是出于环保，或是世界已爆发的资源能源危机，这更是出于他们对土地深沉的爱。《诗经》中曾有过这样的祝寿词：

如月之恒，如日之升。如南山之寿，不骞不蹦。如松柏之茂，无不尔或承。

有时，我真愿同山岳天光一样长寿百岁，亘古以来注视着人间；真愿常能阅览古书诗词，游历名山大川；真愿在海边伫立，继续遐想，在山麓仰望，体悟天光；真愿能穷尽一生光阴——与山海为伍。

不 发

北京市十一学校　王峻

　　"收敛必有界，无界必发散。"老师补充了一句，"收敛也就是不发散。"话说得十分平常，可是让我走了神。

　　春天，应是两三周之前便开始了的。然而漫步校园，或是留意着路上一点一滴的风景，却一直没有感到冬日的灰颓尽然褪去。悬铃木的果子，从上个秋天乃至上上个秋天就已经挂在了那枝上，至今也不见有新发的春意将它们摘下。阴天的时候，那种郁霾感让人想不起冬天的离去；而晴天的时候，又多是大风一并送走了污浊的空气和春天的温度，冬天，更是赖着不走了。

　　于是，当敬爱的语文老师感叹春天真的到了，要我们动笔写一写的时候，我先是惊讶，因为我的确还没看到，又是不安，搜索枯肠笔干墨竭，最后郁闷了——我还没走出冬的心境。

　　"我要想起愤怒、欣喜与哀伤，要让生命的活动重新开始。"这样对自己说着，"我要让自己的生命生发，于是外面的春天便也会苏醒！"

　　路过了一株枯藤，我打算拿它撒撒气，便像行吻手礼那样自以为绅士地托起它的枝，带着一丝诡秘的心情，用指甲狠狠划开了它的皮，是枯的。然而我没有善罢甘休，托起另一条枝蔓，再划开，透出令人欣喜的青绿色，我满意地笑了。

放下这我有意伤害的枯藤，目光径直落在了面前的草坪上，那里立着一只鹊。草坪，几乎一年四季都是绿油油的，然而这次，鹊灰蓝的色调给整个景象带来了一种油画般的质感。它一动不动地望着我，仿佛静止了几秒钟，甚至几分钟，又或是那一刻时间也停下了脚步，站在这里和我一起注视着那只鹊——当我看到它在草坪上，享受着那没有照到我的阳光的时候。

我这样想着，春天其实已经到了，藏而不发。藏在藤蔓干枯的外表下，藏在那只鹊一秒钟的静止里。于是又在也许是哪一天，当我回想着这些场景的时候，午后的阳光将困意投到了我面前的桌子上，看着它，乏了，而后被那只温暖的手拍着，睡着了。

原来这就是春天，藏而不发。醒来，我把春天揉碎在了眼睛里，那样温润、恬淡，却又令人感动。它现在也蕴藏在了我的体内，和我所见的藏春的万物一样。春天并没有预想的那样生机勃然，给世界以疯狂的复苏的能量，而是同我平时的生活一样。因为它本来便是生活的一部分。

此时我所见所感的春天如同一粒尚未发芽的种子。它默不作声地埋下，蕴藏着，静候人们在之后的某一天惊讶于它的突然到来。那便会是一个量变到质变的跃进。不过此时它，与我，选择了不发。

老贾正杵着两条胳膊在我面前的桌子上，到我回过神来，他便笑眯眯地直起了身子，继续讲着，"收敛的定义我们已经非常清楚了，把这个命题全部反过来，就是发散，现在我们来看一下对它的严谨描述……"

沉

北京师范大学附属中学　毛涵颖

一

有一幅画面，曾在我脑海中徘徊不去。

大雨降临之前的那一瞬白昼坠落在重重的宫阙之中，明黄都黯淡。是东南风，轻抚着历史沉淀的遗族。迟暮的天子登上九重高殿，灰白色长发散落在胸前，随风飞舞与龙袍纠缠在一起。他抬眼望向空中朦胧的太阳，那大地之源也被掩盖了。光亮，从厚重的云层中挣扎出来，微弱却明亮，落在汉白玉的长廊上。此时的他，只是迟暮的老人，颤颤地伸向光源，想要抓住那坚定确实、虚无缥缈的阳光。一如当年，他无法挽回的至亲。

他想要呼喊天地，将他被夺走的都尽数找回。只是寒光闪过他的双眼，奔腾欲出的宣泄又归乎于心底，平静再无涟漪。

这旧日宫闱，红袖满楼莺歌回梁，竟是连悲伤都无处可寻了。

梧桐一声秋，芭蕉一点愁，一夕文兰花雕，一记思量。

时间总是带走世界上最为珍稀的东西，就好比清纯的误会，青涩的文字，幼稚的秘密。那些绮丽的回忆，就像被握紧于手中的沙，虚无在漫长的时间里，被搁置在生活某个角落的点点滴滴，每当想要再次唤醒，总是找不到当初的热情。那些曾经如此珍惜的人，在岁月里改变了模样，陌生得就像初识的路人。一切都被改变，我还剩下什么。

无情如时间，谁也无法挽留，失去便是永远，再也无法回头，只能在杂乱的回忆中，描摹他们依稀的色彩。

有的时候连轮廓都无法勾勒出来，可悲的是日记本上还写着，我们永远在一起，友谊万岁。明明深深地烙印在彼此生命中过，却无奈地被各种不可预知的因素分隔开来，最终只剩下白纸黑字的纪念，和淡粉色的勿忘我。

我们也像记忆中模糊的光影一样，存活在他人的漫漫长路。

是蜿蜒曲折路上的渺小沙石，或是槐树旁一丛小巧灵气的野花，抑或是夜晚温暖的篝火。当我们被他人记起，是淡淡的微笑或是平淡的直叙，或者只是轻描淡写的忘记。

我们都无法知晓，只能挣扎着，企图在这匆忙的几十年，为自己抒写奇迹。

谁都无法抗拒衰老，逃避死亡。这是客观的规律，不为意识所转移的。

而到达蓝色的彼岸，谁又会记得谁。

二

我们与周遭世界有各种各样的联系，情缘最深的便是亲人。他们看着我们长大，随着我们一同成长。有人说，这种缘有预知感。深夜被噩梦惊醒，还惊魂未定，便被告知至亲的离开人世。像这样的情况比比皆是，我一直坚信，周围的人与我有或多或少的缘，这缘是被隐藏的细线，缘越深，线越粗。

不经意回味这几年，陪伴在我身边最长过的只是那么几个人，就算离开了之前熟悉的环境，再次回到那里，总是会有游子归故里的感慨，缘之深，环绕苍穹都不为过。

他们是我们的习惯，就像眼镜戴久了就会感觉不到它一样，就像空气一样。但是没有谁是谁的空气，世上离开了任何人都不会有太大的影响。

他乡遇故知是温暖的，拥有对同一样事物的会意，总会在言谈之中迸发出惊喜的火花，大声赞叹这彼此的投缘。

也有机缘巧合之下认识的同道之人，与他共看大江东去，共听一夜无声雨，乐甚。

我认为世上最浪漫的事情是风暴之中共患难。我不是说天灾人祸，而是在困境之中遇到与你一样深陷窘境的人。相互扶持，为迷茫灰暗的岁月，增添一丝色彩，浓郁却不喧宾夺主。

真正的情谊不是在你光鲜亮丽时，为你锦上添花，而是在你落寞失意时，为你雪中送炭。我不能说所有的感情都是如此，但至少友情、爱情，是如此。

皑皑大雪之中，那人步履蹒跚为你带来他节省下来的炭火，你们一起在路旁取暖，温柔的火光明媚了他。你不禁微笑，因为他慌乱之中被炭蹭黑了的脸颊。他被你的笑声感染，亮亮的双眸，像是装进了天上的星星。就算只是无声地微笑，也不符初见时的陌生尴尬。

就算是最微弱的火光，也能让内心的冰霜，慢慢融化。

多么诗情画意，多么虚幻无寻。

三

总会有一种力量，不管离开他有多久，都会被他激励，被他感动从而更加奋发。这种力量可以是诗书中的黄金屋，也可以是特定的事物或者人。就像是会有一种人，你不希望只是与他们擦肩而过。

他们横溢的才华，优越的自身条件，和独特的人格魅力，无不惹人吸引。他们被人追随，被人守护，被人默默敬仰。他们像是已然成熟的雄鹰睥睨于苍穹之中，而我们只能站在旷达的原野上仰视他们，企图追寻那若隐若现的身影。他们总是励志的，他们总是坚持的，他们总是克服重重难关、斩断荆棘满路，才能通向他们的康庄大道。

爱戴他们的人以他们为榜样，激励自己完善自身，而不是仅仅停滞于崇拜。他们基于的也不仅仅只是傲人的瓷胎，而是一种追求梦想、永不止步的精神。

最幸运的便是在最美好的季节遇上了他们，有了精神的支柱，就像旅客陷入低洼的山路，狭窄不堪，却在转角的瞬间看到了訇然中开的道路。

有一种力量，我很想得到。

读心术。

不用观察别人脸部表情的每一个细节，不用刻意留意别人的动作，只是在和别人交谈的过程中，转一转脑子，或者念诵一段神奇的口诀就可以将他们此刻的想法读出来。不用苦苦猜测对方此时的心思，费尽周折，最终却化为徒劳。想知道别人埋藏在心底的小秘密，就像看一篇篇风格迥异的小说一样，在别人的故事中寻找自己的故事，在别人的认识中寻找自己的认识。

也许天性自卑，常常在意别人对自己的看法，迷失了自我。听取他人的建议固然正确，但是凡事都有使用的范围，超过了底线就会变为荒谬的行为。

要像海鸥一般自由地活着，不畏海浪，坚定自己的航线。

是否因为某个人的某一句话，努力就付诸东流。日夜兼程，跋山涉水都不被考虑顾忌，只剩下结果，那多被凋零的花。就像是以为自己将要到达顶峰，却发现自己为之所不懈的是万丈深渊，而希冀的那座山峰因为自己的南辕北辙，还有十万八千里。那种挫败感，那种道高一尺魔高一丈的感觉，挫败了想要坚持的心。有的时候防窃不是主观的，而是被不可抗力所制约，防窃了本属于自己的那一片蓝天。

无可奈何，无计可施，却不愧对攀登时的艰辛。

四

低音提琴暗哑低沉的音色是乌鹊南飞时婉转的留恋，它厚重的身躯是巨人消亡时留下的血脉，等待多少年后被人记起。

霓裳羽衣，雨轩六幺。丝竹声声寄心愁。多少人将满满的感情倾注于丝竹之中，到处人生沧桑，物是人非；到处少时愁滋味，哀婉悠长。一曲奏罢，听者唏嘘，弹者含泪。

不同的人，能在听一首歌词中品味出不同的韵味。老者听出了沧海桑田，中年人听出了壮志未酬，青年人听出了小家碧玉。

喜欢传说中高贵清雅的琵琶僧，将音乐融入了佛家慈悲的思想。本应该缠绵柔曼的乐府诗曲，却拂出了普度众生，圣光春耀的境界。一声无欲无求，行踪不定。游于青山苍竹之间，与迷雾霜露共舞，天神都未免落泪。高山流水，转折起伏，飘忽于峰。

折扇轻舞少年愁。愁的是仕途何方。

我想在安静的午后，来到溪水旁打水漂。捡石子的过程总是最重要的，在河岸两旁散落着的碎石中寻找合适的石子。那里总有青草地的芳香和孩子们嬉闹的声音，那样童真美好，纯粹而又无忧无虑。

我只喜欢看别人打水漂，自己虽然尝试过但是没有真正成功过。

看着薄片一样的石子在水面上跳跃，画出一圈又一圈的波澜。圆圈慢慢地荡开，扩散，最后湖面又归于宁静。但是总会被下一个石子的跳跃所打破。静止总是暂时的，没有什么是一成不变的。

翻看以前的老旧照片，有熟悉的，更多的却是陌生的。熟悉的现在还在频繁往来，感情的热度未曾被时间磨灭，陌生的简直形同陌路，再也叫不出他们的名字来。

与他们相处的回忆就剩下一个又一个细碎的片段，连接成支离破碎的网。那些缺失的固然遗憾，但是那网，每天都会被新的记忆补充。

遗忘的，就随风而去吧。

沉。

风起，暗涌。缘生缘灭。我们保留最初的样子，一成不变。

忘 川 记

北京市一零一中学　郝宇婧

茫然望向浑黄的忘川水，耳边传来孟婆低沉的声线，"三生石，三生路，本心永传于青史，绝唱于千古。"

——题记

我只是一块石，一块被遗忘在鬼门的顽石。

我不知自己从何处来，又该往何处去；我只知道，如今矗立在这片只有黑暗和血红的土地，只为寻找一个答案，一个圣母执着了千年的誓言。脚边的细沙无情地炙烤着空气中所剩无几的水分，时间沉重而缓慢地将一层层玄黄涂抹在我曾经如紫檀般柔软光鲜的皮肤，孟婆说，这是岁月的痕迹。眼前那条浩渺的河流依旧平静如初，血黄色的河面不见一丝波澜，那是一种深入灵魂深处的死寂——当然，河流并不是永远都如同大家闺秀那般娴静温柔，她也有波浪滔天残忍的时候。尽管千年来，我只见过一次。

那是一个极为平常的日子，平常到多年来每至午夜梦回我都会在心底默默怀疑它是否真实地存在过。那日，当远处状若火盆的残日渐渐西斜下忘川的平静的水面时，我静静地在这奈何桥边的彼岸花丛中，回忆着曾经在九仙山修行时那段悠闲自在的时光。陡然间却觉察到忘川河水的异样的狂躁，我警觉地抬头望向高高在上的桥面，不想却被一瓢清冽苦涩的水泼湿了全身。紧接着剧烈颤抖的桥身上传来了孟婆嘶哑的呼唤声，那声撕心裂肺的呼喊，霎时间刺穿了冥界慵懒懈怠的空气，我的心中不觉一沉。果不其然，映入眼帘的一幕是如此的摄人心魄，亦可以称，是如此的惊艳美丽，绝望中如同昙花嗜血绽放的美丽。

只见一袭白衣飘然落下，凌空飘飞的衣袂将她装点得如同一只翩跹飞舞的白蝶。她仿佛并没有感到任何高速下落的冲击，清秀苍白的面庞上挂着安详释怀的笑容。不同于圣母高贵倾城的气质，她是那种温柔亲切的邻家女子，知书达理地守候着自己平静如水的日子，维护着一段细水长流的烟火幸福。震撼之余，我的心中涌起了千般疑惑：为何她如此年轻便香消玉殒，选择了几万年来从未有亡灵敢于涉足的道路？三道六界内每一个逝去的生命都必须踏上望乡台的苦楚，走过这一座令人心痛但又无奈的奈何桥，饮下孟婆熬煮的拥有忘却力量的汤水，然后带着茫然的目光转世回归。如若不想忘却，便要亲手毁掉重新轮回的机会，纵身跃下这高处不胜寒的奈何桥，在忘川中历尽千年苦痛，只为保得那一世的记忆。然而，当我望见她安详的面容上那抹坚定果敢的神色，我似乎明白了些什么——有时候，刹那便是永恒。

忘川的波涛从未有过地暴怒地嘶吼着，咆哮着，本来清澈澄明的河水似乎读懂了女子心中浓重得化不去的执着与坚毅，须臾间变成了残忍浑浊的血黄。地府尽头那轮硕大无比的残日将一束束最后的鲜红投入到忘川滔天的江水中映红了女子清洁高雅的青衫白裙，映亮了孟婆扑在桥栏外无奈绝望的神情。不知不觉间，我仿佛看到那女子唇边勾起的笑，一种心痛到无法呼吸的感觉涌上这片孤独与世外的荒野，翻滚着将这里的一切推上了巅峰的境地。在那种沉重到无法感知的气氛环境环绕下，我渐渐昏倒在鲜红如血的彼岸花丛中，昏倒在了无尽的对于未来的探寻和回答中。

我睡了很久，久到那名女子的脸庞终于不再清晰如昨日；久到忘川的河水彻底沦为残忍的血黄；久到孟婆的汤水失去了原有的清冽与醇香，唯余苦涩；久到彼岸花拥着那名女子残余的魂魄，许下花叶永不相见的毒誓。甚至，久到忘记了自己。

后来的后来，我只模糊记得有一幕瞬间即为永恒的绝美画面，曾在这片土地上上演；我从沉默的圣母那儿得知有一种叫做绝望的东西为祸人间，拆散了无数对有情且缘深的情侣；我渐渐了解到曾经有一位名为兰芝的女子为将自己与所爱之人的记忆永远封存而魂飞魄散。

直到有一天，有一名似曾相识的女子身着绝美艳丽的凤冠霞帔，从平静浑黄的忘川中幻化出星星点点魂魄的碎片。伴着地府柔和却阴冷的残月微光，她轻提裙裾，迈着细碎的莲步，轻轻地俯身在我的面前。葱白如玉的纤纤玉指轻轻摩挲着我的额头，丹唇轻启，淡淡吟道，"三生石啊，你一定要记得我与他的故事，就像紫檀暮色般旷远的姻缘爱恋。"只那若有若无的一句便随风散去，唯余一缕淡雅的胭脂香气。

我迷惘地望向她消失的地方，似乎熟稔地在忘川水边的细沙上记下这样一段莫名其妙的字句，"忘川河畔，彼岸花旁，有一只孤绝的孔雀曾向东南方向飞去，不留任何痕迹。红尘陌上，它跃下奈何的苦痛，只为守得一世记忆，只为让真情在欲望的漩涡中寻得永恒。"

　　三生石，三生路，只因你，让青史绝唱于千古。
　　但相思，莫相负，再见时，只盼一切皆如旧故。

江湖·山水·童年

清华大学附属中学　李楚阳

往事尘封不算太久，从何说起呢？

两个男人的故事总是乏善可陈的。于是，兄弟，不和你商量了。我决定从那个苗族女孩揭开我们的回忆。

三个湖南人

她是你的同桌，名叫思榕。水灵灵的名字里就氤氲有南国的气息，让人想到榕树的飘逸和柔婉。她有着瘦高的身材和亭亭玉立的优雅，而最让你赞叹的，还是那白净的脸蛋和眉目间山水的灵气。看到她，就像看到《边城》中的翠翠，那秀雅、随和与活泼，美酒般沁人心脾。她的笑，也如翠翠那样，是银铃一样的。还记得玩抓人时，她小鹿样欢快地跑着、跳着，但终究是女孩子，总是头几个被抓住的。她一被抓住都会害羞地笑起来，笑声让你呆住了，清溪流过，满山万籁俱寂。

你的家乡在溪边，那条溪从翠竹幽幽的福寿山里流出，流进白浪滔滔的汨罗江，再流进烟波森森的洞庭。你很为有湖南平江这样一个家乡骄傲，你带到班里来那条溪的矿泉水，酸甜清爽。我的家乡也有条溪，它游走在湘江不远处两道突起的山岭之间，哺育着一片片稻田和果园。

它的流水在我家门前弯了一道弯，怀抱着一艘小小的竹排。

当我们问她时，苗族女孩轻轻吐出两个字：凤凰。就是这两个字让我们的脑海中顿时充满了美丽的遐想，也勾起了我们痴痴的向往。

头一次听到如此梦幻的地名，谁会预计到自己竟有与它相逢的一天……

越向西，越湘西。

牛年的夏天，完成了人生第一个生肖轮回的我们，从长沙启程，奔向凤凰。

桃源、桃江、沅陵、辰溪……仿佛这里连地名都是文豪的杰作，清秀如一路的山水。忍不住感激上苍啊，赐我们湖南作家乡。

清岚带着雾霭，从西方神秘的群山中来，散向东方的洞庭鱼米国，随着我们向西的车轮越来越明显，越来越浓郁。山渐渐显出俊俏，水渐渐泛起浪花，竹林中的村寨由粉墙黛瓦转变为木栅石瓦。稻田从云端流泻而出，盘绕过森林和陡崖，拥抱了老牛和农夫，相伴着溪水和小村。一定会有浣衣女的，我想，有溪水和小村的地方就有她们明媚的笑脸。这些浣衣女，是汉民，还是苗民，抑或是土家、瑶、侗？如果是苗民，她们会让我们想到思榕吧。否则，那就是青山秀水让我们情不自禁地想起记忆中某些清秀的容颜。

你突然说，这是隐居修炼的好去处，兴许有大侠就藏在这山中。你向往地看着窗外，贪婪地呼吸着充满了秘密的山风，可惜，我们无法听懂风的语言。

我说，侠客中，我只喜欢一个姓徐的。你笑，那是霞，朝霞的霞。你喜欢侠客，仗剑走天涯。我喜欢霞客，山水寄人生。

翻过雪峰山，又跨过沅江，我们终于进了湘西的地盘，心头一缩，有些几乎无来由的恐惧和兴奋。

凤凰一夜

我对你说，在我得知凤凰在湖南的一瞬，我就猜到它会拥有一条小溪。你笑我，这也叫小溪？

的确，沱江远不止一条小溪的宽度。它是好大的一面镜，映出了相对而出的两座青山、拥挤的排列到山腰的小城、飞檐斗拱的廊桥、婀娜的垂柳和苗家的浣衣女。她们在江心的石头上站成一排，比晚霞还美。我们站在南门外的大桥上，痴痴地看沱江这幅长卷。晚霞静静地变换着颜色，波纹把它拆解成斑驳的色块，木船卧在抽象画的中央，船夫说，明日一早再开船载客。

天色晚，苗家女也走远了。有些饿，风中飘来饭菜香。

我们在沱江边的酒楼上吃了一锅放满辣子的水煮鱼。这鱼的做法不同于四川那道同名的菜肴。川菜总带着花椒的麻，而湘菜，只有火辣辣的辣，辣在舌尖上、辣在嘴唇上、辣在嗓子里、辣在心坎上。确实好吃！你用家乡话赞叹，大声地赞叹。我们疯狂地添着米饭，湖南的米饭管够！打开窗，江风吹进来，鱼汤的鲜味愈加动人。

漫步在古城的风里，想起了她。那个苗族的女孩，小学时，也一样爱吃辣，不眨眼的，这是你的原话。她说话比所有女生都清澈爽快，既不拖泥带水，又不至于口无遮拦。有女侠的风范，也许是吃辣的缘故吧。在她的家乡，我想打她的电话，问她在哪条街。想了想，还是决定放下手机，我知道她不在，我知道她说她不回老家，你也知道的。只是不说，唯有沉默才不会打碎一个痴想来的梦境。

雾里看花。

第二天清晨，我们漫步到下游的一个渡口。山水相依处，有雾在飞。

青山和古城静悄悄，只有摇橹声应和着流水。老船夫站在船尾，我们坐在船头，一起游向远方仙境一般的所在。

一座小屋在岸边水汽迷蒙的树丛中探出头来，是家酒坊。船靠岸，店家邀我们进来。你四处找度数最高的白酒，直到男主人笑着给你舀了一勺。你喝得直呛，呛出了泪，它浓烈，你说它浓烈如江湖。我看着你只想笑。然后我尝了口低度的猕猴桃酒，香洌如山水。

你醉着说，如果她在该有多好。她是你江湖中的一抹亮色，也是我的山水中缺失的点睛一笔，试想一个湘西的女子从雾中走出，天空也会感动。可是每本武侠小说都有缺失的一页，那是因为太多人翻过，太多来不及实现的梦都寄给了江湖。

我知道你的委屈，三个湖南人刚好是一个江湖。我们的思念不是她，而是月未圆。那山城的飞檐顶错落地铺向云中，深深浅浅，也成了雾的一部分。你轻吟着，青山隐隐水迢迢，秋尽江南草未凋，二十四桥明月夜，玉人何处教吹箫。远远地，虹桥卧在江上。风儿也在问啊，玉人你在何方？清清的河水流过船舷，叮咚的水声如那些欢笑。微闭双眼，任水汽氤氲的晨风拂面。

三　年

当所有这些都已成为模糊的回忆，你我再次相见。不得不说些现实的话，不能再徜徉于三年前梦呓般的故事。

提起凤凰，我们突然发觉自己再也回不到当年那个江风、雾气和苗家浣衣女的城了。是的，这些都没有变，变的是我们不再有江湖、山水或者童年来蒙住双眼。

最初，我们完全沉溺于梦境，一起都那么真实。

然后，当现实袭来，还未准备好的我们忽而醒，忽而醉。

最后，我们完全沉溺于现实，一切都那么虚幻。

唐　僧

——千转轮回路不定，扬鞭策马朝夕回

北京大学附属中学　尚亦然

我站在奈何桥旁，孟婆端过来一碗汤。

他们告诉我这是我的一个劫，若是过了便是功德无量，立地成佛。若是不过，几万年的修为便没了，魂魄在凡间灰飞烟灭也说不准。临行前我并未去翻司命星君的命簿，三弟说他们特意在我那页留了白，大哥说这是劫，只能一个人过。

我诚然知道这是劫，我也知道只能一个人过，只是不知它是情劫、命劫抑或是贪劫。凡人的命由神定，神命却由天定。

既然命簿留了白，说到底这个命便由自己定。

我接过孟婆的汤，向桥下看了看，有些黑。我看了看自己，仍是那副今晨离开如来的样子，白色的袍子和一手串珠。仰头喝进那碗汤，却没有感觉到记忆消退，反而有些神清气爽，正欲踏向前，后面突然有一人推我一下，脚滑便摔下了桥，谁知元神被封浑身动弹不得。恍惚间，一个有些熟悉的声音在耳边说：……如是因，如是果……

我出生了。

那是个破落官员家，长子怎么也考不上科举，转而全家一心向佛。

而其中，作为幺子的我却造诣最深，只是觉得那些佛经似曾相识，再记只是如同回忆一般，就这样未曾行冠礼我便成为了寺中住持长老。

当今圣上唐玄宗派我到西域取回经文传颂，只赐我一匹白马和几个随从，还有不足挂齿的几袋干粮，那些随从都是死囚，或许唐玄宗嫌恶寺庙权势太大吧。

于是，第一日，我熟睡时几个随从瓜分了粮食，在争吵白马归谁的时候把我吵醒，于是他们落荒而逃。我骑上白马，一个人悠悠上路。

骑到一个山脚下，看到几个大字名为五行山。正欲摘些野果充饥，路边突然窜出来几个盗匪。领头人奸笑着走过来，边回头对后面说："不过是个和尚，哥几个搜搜他的盘缠……"话还没说完，他头上惨遭一棒，一个黄色身影跃来跃去，几个盗匪应声倒地。

他掸了掸身上的尘，回头笑道：师父。

突然一下子，我看到自己手中捡起的路旁的手腕般粗细的树枝，身旁倒了一地的盗匪和受惊的白马。有些诧然。

高老庄的人很开心地接纳了我，其实主要是翠兰已经十五却还没有女婿愿上门入赘。他们接待我们的伙食很丰盛，光是八戒一人便吃下半桌子饭席。

只有八戒愿意留下，既是出家人便不愿强求他跟着我，只好许得他留下，高家老少皆欢喜，当晚便成亲。

月夜下，出家人不好参与热闹，只好躲出门去寻那白马。

晚风一吹，忽然一个激灵，我看到自己穿着红色的新郎服，正欲揭开对面姑娘的盖头。慌忙起身离开，对面姑娘自己扯开盖头，我默念道善哉善哉。

大漠真的很热。

几百里见不到人烟，渴了只能自己喝下长满刺的植物中的汁液，好像挺甜的。干粮已经在省着吃，就算悟空能腾云驾雾他也无法化得来斋。

悟净和悟能已经脱下上衣，实在是有些不雅，尽管贫僧汗如雨下却仍旧裹着袈裟。

心静自然凉。

悟空有些受不了热，回去花果山，让我有事便念紧箍咒唤他。悟能不知跑到哪去，只有悟净牵着马跟着我，只在晚上凉爽时听他对白马说不知能不能洗清他的罪过，若是不能他便不愿跟着我了。

突然感到太阳晒到我背上，我发现自己赤裸上身趴在沙上，白马已经有些站不起来，我好像对它说过我想回东土大唐了。

如来摸摸我的头，突然就忆起前尘往事。

原来这不过是个劫，然而我却有些，有些想回东土，有些想再走一遍那条路。

"把身体还给玄奘吧，你不过是占了人家身体几十年罢了。不愧是我的得意弟子，终究能历了这天劫。这一轮回你已修满十万修为，你愿继续做我座下的金蝉弟子还是愿成为上神？"

上神，莫不是那自由掌控生死修为的神。那岂不是……

忽然意识到这个劫根本未结束，惊出一身冷汗，我故作镇静答道："当然是师父您的弟子，我此生修炼便是为了追随您。"

如来笑了一下。

我也不明白若我愿成为上神会如何，只是忆起这个劫总有些不愿回忆。

我一直都是一个人罢了，只是不知修炼究竟是根除七情六欲还是藏起它，我也很高兴没有一时冲动散了那十万修为。

于是那个声音又道，如是因，如是果。

呵呵，我才是我

一本当代中学生写给自己的书

　　写在后面的话：是看了一个"唐僧一直都是一个人"引起的想法，悟空只是他的嗔欲、八戒是贪欲、沙僧是苦欲。我只是想从这个角度刻画一个不同于原著中只会哭哭啼啼的唐僧，不同于那个六欲清明的唐僧。其实我认为唐僧本该是主角的，并不是孙悟空不该成为主角，只是对唐僧有些不公罢了。

爬　井

北京市十一学校　叶大家

亿万张青褐的脚爪缓慢的向上移动，指间紧张的收缩，身体间的摩擦不时撞伤某些倒霉分子的皮肤。血与汗的交融，爬井正在进行。

我是一只蛙，一只井底之蛙。

我们生活在一口很拥挤的枯井里。之所以是"我们"，因为这里生长着成千上万只蛙同胞们。记得听奶奶说，我们的老祖宗很伟大，其名声从蛙界延伸入人类界，并因为它创造了一个成语。据说，它是第一个领悟到作为一只蛙，就应该出蛙头地，离开枯井的真谛的蛙。可是，他是不是第一个离开枯井的蛙，已经没有蛙能说得清了。

每时每刻，都有无数的蛙在爬井。

作为一只蛙，一只井底之蛙，爬井到井外的世界，是新一代年轻蛙一生的课程。甚至还有许多爬井辅导小学。据说有几家训练的学员有百分之八九十爬井成功，已经离开枯井。学费也很高，一节课50个蚊子，60个苍蝇的。这些辅导小学都非常火爆，上学热潮已不亚于爬井的普遍度。当然，只有几个"井重点"是大家真正竞争的对象。

为出蛙头地而爬井，为爬井而竞争，为竞争而上学，为上学而竞争。

这句话出自我奶奶之口。我一直很敬爱奶奶，那只身材臃肿而慈祥的灰色土蛙。我从小就和她生活在一起——爸妈都要爬井，无法照看我。小时候，我总是和一帮小蛙伙伴们在井底的水塘中嬉戏，或者抬头仰望四周井壁上缓慢前进的爬井蛙们，互相吹牛说自己的爸爸是今天的爬井状元。

爬井状元，就是今天爬出枯井的那只蛙。

我从小的梦想，就是能成为爬井状元。这是我一生的目标，并且随着我的成长，这种渴望越来越强烈。当我的朋友们一个又一个地离开我，他们对我说，这么大了，你还不去爬井吗？我说我也想去啊，但是奶奶说我还小。他们就嬉笑着，从我的世界中消失了。

终于有一天，我对奶奶说，让我也去爬井吧！奶奶激动得咕咕叫。她说她为我骄傲，然后带我去上学。

我问奶奶，您为什么不去爬井？

奶奶说，我年轻的时候啊，可没有那么多蛙在爬井。那时候井里的蛙就少，爬井也容易得多。还有一阵很奇怪，蛙王叫大家都不要爬井，谁爬就叫小蛙用石粒把他打下来了。那时候风气可不正呢！蛙王叫所有的蛙都要唱他写的歌，可难听了。而现在更奇怪，几乎所有蛙娃儿们都爬井去了。本来井口就很高，爬井的又多，而且越往上井壁越窄，不知道多少蛙被挤下来，摔死了。如果不好爬，你就回来吧。

我忽然觉得奶奶她太唠叨，便离开她，自己来到学校。

这是一所普通小学，有很多规定，爬井动作也要一步一步学。我想，这真是有规矩，以后爬井一定好爬了。

没过多久，我们就开始爬井了。真正来到井壁边，我才发现，爬井的蛙真是很多。我甚至连上脚的地方都没有。老师对我说，从这里开始，就可以正式爬井了。她还嘱咐我，有朝一日，我要是成为爬井状元，一定不要忘了为学校做做广告。

终于开始爬井了。

我的四周都趴满了蛙们，我们几乎是粘在一起前进。大家都不大说话，只是奋力向上爬。井壁很滑，我奋力用蹼紧贴前壁面向上移动。我不时向下看看。我确实离地面越来越远了。但似乎越来越拥挤。后面的蛙开始急躁，她使劲拱我："怎么那么慢，不会爬就算了吧!"

上方也开始骚动，几只倒霉蛋被扔了下来，在地面上绽开一朵朵艳丽的红花。我感到恶心，继续向上。

随着时间，我渐感疲惫。但我知道，只要稍有松懈，就有被挤下去的危险。我忽然很可怜那些被摔死的同胞，但所有蛙此时都似乎是无情的。目标只有一个，那就是爬井。后面不断有蛙们从我身上压过去，大家都争先恐后地向上挤，没有了表情。

向上!我告诉自己，要想出蛙头地只有如此。我似乎在众多蛙中看见几张熟悉的面孔，但他们都麻木了一般，只有向上冲，眼睛只呆滞盯着前方。

"喂，上面的家伙，你发什么呆!"一个家伙大叫着，从我身后把我挤了下去。我感觉到四周墙壁在急速上升，地面飞快地向我袭来。

绝对不能死!我用四肢向井壁够去，但无济于事。

"啪"地面狠狠地撞向我，或者是我撞向了它。我想，我现在也绽开成一朵血红的牡丹了吧!但我怎么还能想?我抬起头，身下软绵绵的——我的身子下面是另一只蛙的尸体。而且尽管他已经血肉模糊，但我能看出他曾是我池塘中的玩伴。我不知道是我撞死了他，还是他本来就死了。但是我忽然很难过，我第一次很希望知道我的父母怎么样了。他们也许已经离开了枯井，也可能已经成为爬井中的牺牲品。或者仅仅还是爬井队伍中亿万个蛙中的一个。我又开始想我的奶奶，我的过去，还有那口小池塘。

我不知道自己为什么再次回到了爬井的队伍中。我把很多只蛙们挤下去，疯狂的向上爬，阳光越来越猛烈了。

"漫儿，你的作业还没写吧！下午还有一个奥数班要去看看呢！"

我叹了口气，放下手中的笔。

爬井，仍在继续……

横眉冷对千夫指

——第四章——

　　如今的时代，信息不是在传递，而是在爆炸。各种媒体在这样一场惊天动地的爆炸里推波助澜，兼具着平台和幕后推手的工作，哪里燃烧得不够剧烈，就在哪里加一把火。

　　任何事情，有利有弊，即使这场看上去令所有卷入者都粉身碎骨的信息大爆炸，也一样。无比繁杂的表象背后是无比丰富的资源，可以说，今天任何一个普通人在信息的获取上，都比一百年前的权贵有着更便捷的渠道。

　　然而，总量越大，分辨是非就越难。碎片化的信息充斥了生活，上午某某离婚的风波未过，转眼就被下午某某入狱的消息掩盖得没了影踪。在信息的海洋里我们颠倒、我们浮沉，我们身不由己情非得已地感叹：时代太快，反应太慢。

　　已经多久没静下心来读一本书、一份报纸？

　　已经都习惯于看到捉人眼球的新闻后想都不想就立刻转发、评论？

人们都怕麻烦，这是一个普遍的倾向。因此很多时候，听到一个消息，我们宁愿凭一己好恶去判断，相信自己的直觉，令手和嘴的速度走在思想前面，懒得去想，也不愿听不一样的声音。

人类在进步、历史在前进，信息只会越来越多。真与假，没人能拿出准确答案；好与坏，每个人都有自己的立场。我们无法寻根究底，我们也无需这样做。只要能够不人云亦云，只要对事件有着自己的思考和判断，至少，我们就可以不被信息大潮所挟裹着被迫向前。

时代如此，我们暂时无力改变；能做的，唯有磨砺自己的心。

在雾霾中看见

中国人民大学附属中学　何桑柔

雾霾围城，环境污染，健康堪忧。

我看见有人开玩笑，北京人说雾霾严重：站在天安门广场，看不见毛爷爷；上海人听见笑了：今早我们拿出人民币，也看不见毛爷爷呀！

我看见有人叫骂：雾霾严重还有心情拿这个开玩笑的人没良心，没当地户口还开车污染环境的人没素质，雾霾来了就自己出国跑了的人没道德，政府只顾发展经济工业不顾环境简直没能力……

总有人嬉笑，总有人怒骂。

不可救药的乐天派总归不只苏东坡一人，嬉笑者常抱着游戏的态度玩乐人生，再严肃的话题也能寻摸出点趣味儿来——把苦难哀伤不幸都包上一层玩笑话的皮儿囫囵咽下肚去，回头还能吧唧着嘴咂摸出来点儿可乐的回味。人们习惯于娱生活以乐，还是随时娱乐，娱乐至死。是以中国足球被指责的方式拿来套歌词开涮，"我爸是李刚"之言一出立即风靡造句界，一张全灰色的图片可以是违章车牌号照相或者独栋别墅外的仙境风光。是焦虑愤懑无法释放的病态吗？还是特殊社会是其独有的灰色的可爱？是物质丰富精神枯萎的麻痹与满足？抑或是被迫压抑的反讽和剑走偏锋的关注？

然后就总有一些自诩清醒者的人跳出来怒斥嬉笑者的肤浅与媚俗，

更有甚者站在制高点痛心疾首于社会的浮躁、道德的扭曲、灵魂的腐朽，进而又痛批政府无能、教育失法、人心不古。不公与艰难处境能点燃无名怒火，越烧越旺熄灭不了时就只有靠迁怒来达到心理上的平衡——所以有人总是在愤怒地叫骂，因为没有什么会理所当然地尽如人意。不满于体制政策于是对政府行为横加指责，不忿于地位身份所以向富人官员横眉冷对，不平于自身境遇因此但凡与现状有一点影响或关联的人或事物都是始作俑者和活该被迁怒痛斥的人。然而愤怒的火焰同样能将世界冰冷荒诞的外壳灼烧得千疮百孔以透进温暖与光明。被关在铁屋子里的人需要的是被唤醒的痛苦救赎而不是无知死去的安乐，所以总要有人去愤怒、斥骂、招起千夫指。

终究不过是娱乐的态度逃避现状，不安的斥骂转嫁情绪。

抑或者是游戏的精神安抚焦虑，愤怒的情感激昂斗志。

还有人不近人情但冷静理性客观公正，有人尖锐极端却能横眉冷对千夫所指。

人们都在用自己的态度努力经营着自己的生活。

就像我还看见在雾霾中有人淡定自持平和以对，有人振臂高呼"革命"口号，有人喜闻乐见于围城外，有人笑吟吟岿然风雨中——乱哄哄你方唱罢我登场，好一出照镜子的人间喜剧！

在雾霾中我看见世间种种众生相，当真人间离奇。

中国梦我的梦

北京市第二中学　霍欣蕊

当年，欧洲清教徒们揣着启蒙思想跑到新大陆，誓要建立一个没有皇权只有民主的自由国度。现在那个国度叫美国。

当年，有个国度备受耻辱，她经历了很多文字能表达或者不能表达的痛苦。现在那个国家站起来，告诉全世界我有一个梦想，一个中国梦。

可究竟什么是中国梦？

在北京大学演讲时易中天将中国梦分为这样几个阶段。从秦至鸦片战争，中华帝国一直以天朝上国自居，一直做着一个美妙的"天下梦"——"四海之内，莫非王土；率土之滨，莫非王臣"。直到船坚炮利将中国人的天下梦打得粉碎，天朝神威不复存在后，中国的有识之士才踏踏实实地做起了"国家梦"——国家富强，民族复兴；然而第三个梦却似乎仍很遥远，那就是"个人梦"——实现每个人的个人自由和个人幸福。

与易中天同天演讲的还有龙应台。她的中国梦是中国文明梦，她期待着的中国梦不是在经济上发达，军事上咄咄逼人，而是在文明上具有了十足的高度，中国人互相关怀，互相关爱。至于到底怎样才算文明，她谈到了她心中关于衡量文明的尺度来自这个国家对弱者的态度，对少数派的态度，对不同意见者的态度。最后的最后，龙应台鼓励大家，尤其是 20 多岁的年轻人要勇于"不相信"，要勇于不相信权威，不相信说教；而易中天则接龙应台的话，说其实大家也要相信，要相信这一切总会好起来，要相信应该有梦想，要相信梦想终究会被实现。

这相信与不相信之间，正是中国梦酝酿发酵的空间。

龙应台所说的文明是一个很大的课题，可以粗略地分为物质文明、精神文明以及政治文明。首先说说物质文明。我们一直沾沾自喜于中国成为了一个富国，为中国 GDP 超越日本成为世界第二而欢呼雀跃，有多少人知道，中国 2012 的人均 GDP 排名为 89，第 80 名是伊朗，第 71 名是南非，中国台湾排在第 40 名。

中国真的是富国吗？是强国吗？是大国吗？

其实，我们还有很长的路要走。

社会经济是基础，但道德价值体系亦是根基。近几年经济上的迅猛发展固然可喜，但是随之而来的通货膨胀、食品安全等问题却接踵而至。的确，经济水平无论怎样飞速提升，也掩盖不了基底的羸弱。可倘若根基不稳，我们怎么能保证这棵大树继续葱茏，与天地同寿呢？龙应台在北大演讲时曾说：我深深盼望见到的，是一个用文明尺度来检验自己的中国，这样的中国，因为自信，所以开阔；因为开阔，所以包容；因为包容，所以它的力量更柔韧更长远。当它文明的力量柔韧长远的时候，它对整个人类的和平都会有关键的贡献。

这也是我深深盼望见到的。

物质文明的高度发展给人类本身的进步创造了必要的条件。但同时，物质文明的发展伴随的是对自然的蚕食和破坏。纯物质文明不能有效地进行与自然的协调，但是这一充满野蛮意味的弊端却是可以通过精神文明的发展得以改正的。这就是为什么我一再强调文明，这个文明绝不仅仅是高度发展的物质文明，而应该是物质文明和精神文明同时发展。我们的中国梦就应该是一个文明的梦。但除此之外，还有一种文明一直被我们忽略，那就是政治文明。马克思在《黑格尔法哲学批判》、《评"普鲁士人"的"普鲁士国王和社会改革"》一文等早期作品中，集中阐释了有关政治文明的内容。"政治文明"这简简单单的一个词语，其字面意思我相信大家都懂，但又有多少人能理解其真正的含义呢？政治文明是喊句民主自由的口号那么简单的吗？我原先总觉得我们的现实生活之所以和梦想中的生活相距甚远，是因为我们的体制还不够民主。但当我看到胡适说过的一句话："你们要争自由，不要争民主，给你自由而不独立，仍是奴隶。"我才意识到，原来我们并不缺少民主，缺的是自由，是勇敢表达自己想法的自由。我们总觉得是体制、是其他一切外物压制了我们的自由，剥夺了我们的民主，但是当你在禁烟区看到有人抽烟时，你为什么不制止？当你得知又有黑煤窑出现安全事故时，你为什么不愤怒？平日里对社会问题有再多再好自己的见地，可当真正遇到关系实际的公共问题时，却又只是毫无知觉地全盘承受。

可你我都知道，我们本该是公民，而不是臣民。我们对政府以及其所代表的权威怀有深深的恐惧，而且这种恐惧导致我们的服从而不是监督。所以我们选择什么也不做，一味被动地接受，然后在有限的空间里尽可能让自己过得舒服。这样，我们就可以天真地告诉自己，我们是自由的公民。大家都知道有一篇王小波的文章叫《沉默的大多数》，王小波曾说中国处于童稚状态，可他死了有十余年，中国还没有要成长起来的迹象。现在的我们知道沉默是被奴役的象征，于是以不沉默的方式取代了以前的沉默。而所谓的不沉默，就是消遣，就是娱乐，就是恶搞。这样做的目的只有一个，消解现实中权威给自己带来的压力，忘却自己自愿选择成为一个"臣民"是多么的懦弱。体制固然有不足，然而真正让人心寒的是得了斯德哥尔摩症的民众。

我们为什么还心安理得地沉醉在对未来的美好设想中却一言不发？我们除了痛心疾首，除了"哀其不幸，怒其不争"，还能不能说些什么，做些什么呢？我一直认同龙应台的一句话："几流的人民就有几流的政府，就有几流的社会、几流的环境。"真正决定我们是什么样，中国是什么样的，不是政府，而是我们自己。

但在表达自己观点的同时，我们要明白政治文明是一个良性的互动过程。在实现中国梦——无论是富还是强——的路上，我们可以激烈，但绝不能急躁，更不能充满戾气。想想钓鱼岛游行事件吧，想想京温事件吧，多少次我们被自己的暴戾控制着走上街头打砸自己同胞的私人财产，多少次我们因为偏见就肆意转发那些稍加辨析就知道是虚假的消息。这样的行为只是在以正义之名发泄自己的戾气。

我们需要火，但不是胡乱的放火，如果是胡乱放火，我宁可选择沉默。我们需要破旧立新，但绝不是以暴力以及暴戾的方式。

像我前文提到的，中国梦是一个文明梦。可究竟如何才能实现真正的中国梦呢？

有人曾说过：能打败黑暗的，往往是生活中的小事。我一直相信光明都是由最初斑斑点点的光亮汇聚而成的，正如我相信那个瑰丽的中国梦会由一个个小小的"我"的梦想堆积而实现一样。

那我的梦想是什么呢？其实一时间很难用具体的话说出它。考上好学校？出国留学？找到好工作？不能否认这些也许看上去很功利的想法，确确实实是中国人世世代代的"梦想"，当然也是我的，我们的。这种程度的"功利"是人性本能使然，是再正常不过的人类对于生活的需求，但现在的问题在于：除了这些之外，我们还有别的梦想吗？

在《南方周末》采访陈道明提及有关中国梦的问题时，这位可能是读过最多书的演员这样回答：我的中国梦，是每个中国人心平气和，每个人都可以通过做好人，做他喜欢和想做的事情，实现自我价值，不会让他人利益受损；这个社会有秩序有道德，人和人之间善良、友爱。每个人都是正常人，在健康的环境生活，自然地老死在自家的床上。

不怕任何人笑话，我可以特别诚实地坦白，我打特别小的时候就梦想着：在北京买一套四合院，院子里种上喜欢的花和树，天气热了就叫朋友来树荫底下喝茶聊天，天气冷了在院子里支个炉子大家烧烤，过过那种不理朝夕的小日子。后来，当我知道在北京一套四合院多少钱时，这个梦想基本上就成为了我最异想天开的一个白日梦了。即使我和陈道明有年龄、身份、职业等方面的不同，但我也有梦想，而且我觉得我们的梦想本质是相同的——幸福地、充满乐趣地、心平气和地生活。

如果我不把眼光只盯在自己身上的话，其实我还有很多梦想：我梦想我能有青春而不是只是年轻；我梦想所有人都能通过自身的努力，获得应有的、值得拥有的一切；我梦想每一个人都能在大踏步朝前走时允许有人散步；我梦想我热爱的这片土地有一天成为一个每个人都想停留的地方；我梦想这个国度让每个人都做得起梦；我梦想有一天不再觉得中国梦只是个梦。

这就是我的梦。无数个我的梦的堆积，就是中国的梦。最后用一个特别俗的段落做结尾：你所站立的地方，正是你的中国；你怎么样，中国便怎么样；你是什么，中国便是什么；你有光明，中国便不会黑暗；你有梦想，中国便不会沦丧。

即使荣辱兴衰斑驳了你的脸颊，我们也记得中国梦正在孕育的那个方向。

你是我们小心维护、为之奋斗的力量，我们是照耀你未来、实现你梦想的光。

极端的舆论

北京市一零一中学　叶凡

　　"3月6日，广州一女小贩于立交桥下摆摊，带着孩子的小贩阻碍了交通。在城管试图将其赶走的过程中，双方发生口角。女小贩被从后方掐住脖子，双手反剪，而她一岁半的孩子则是在一旁放声大哭……"

　　内容如上的微博一经发布便频遭转发，网友对此也是评说不一。但我想表达的并非此事中孰是孰非，也不是此事件背后的因果全局。

　　我只想谈谈，这种恶性争端的背后，往往是我们社会极端化的舆论在做"无形"的推手。百度百科中是这样说的："舆论，公众的意见或言论。舆论的形成，有两个相辅相成的过程。一是来源于群众自发，二是来源于有目的引导。社会舆论反映人心的向背，影响着人们的行动和局势的发展，在造成或转移社会风气方面具有不可估量的影响。"

　　如今中国的高速发展为我们带来网络这一宽松自由的交流平台，而各大论坛、微博也彰显舆论的力量。俗话说"群众的眼睛是雪亮的"，我们的确在社会中体现出群众"视线"的敏感，但是事后的是非判断呢？真的是全面客观而公正的么？

　　舆论无疑是具有极端性的。这样的特质在中国民间的、群众性的讨论中常见。

　　极端同情。对于社会上弱势群体受到不公对待的事，有大部分群众

（网民）极其关心，甚至盲目同情。比如上文提到的女小贩，带着一岁半孩子的她非法经营，与城管起了争执后，社会舆论几乎呈现出"一边倒"的情形。这些施加评论者很多都受到了首发新闻（微博）者在文字中体现出来情感的影响，同情的气氛感染了他们，推动他们向其中加注相同的情绪，使之一传十，十传百。尽管我们自古就有同情弱者的"不成文传统"，可这不足以成为群众跟风从众、盲目同情的理由。他们忘了一句老话："可怜之人必有可恨之处。"虽然这话绝不可能涵盖所有可怜之人的情况，不过最起码有些事件是如此。带着幼女的小贩也许是有难言之苦，但这能成为她非法经营、扰乱交通秩序的理由么？可以支持她与执法人员（城管）大动干戈么？法律和道德、人情和良知有关联，但绝不能混为一谈。由于舆论的极端，人们对于弱势群体的印象早已固化。这使得舆论早已忘了客观看待事实，只是主观、片面地切入。

极端厌恶。鄙视、唾弃被公之于众的罪过，毫不宽容，绝不怜悯。有时极端厌恶和极端同情常常同时出现，由对"被害人"的盲目同情，生发出对"害人者"的厌恶，然后加以评论并发表，被有相似心情者看到而"传播"得更远。上文中的城管只是在执行公务，几番劝说无用之下使用强行手段。的确此行为不符合某种规定，并且有些许暴力，但它是多么大的错误招致群众如此谩骂甚至"严肃"地提升至社会角度？这需要考虑到极端厌恶者的心理。那些人发现这种事件与自己的价值观相悖或是有微妙的联系，因此不喜欢之、谩骂之。舆论忽略了理性与法律基础，将感性的、个人的观点放大，辅以跟风与从众心理，构成了特殊的"极端厌恶"性质。

人们被夹在自己立场与极端的群众之间拼命拉扯。是否会有人或组织来对舆论进行正确的引导？我们又能否期待一个能和谐"争鸣"、而非"一边倒"的舆论界呢？要想破除极端舆论的限制，对于个体，就要做到以法律、理智、感性三者为基本，辩证地看待事件；对于整体，则一定要有某一个集体或个体进行正确的导向，正确地引发舆论并引导舆论。

希望我们可以逐步形成并完善出平衡的、有利于社会与民众的舆论。

晚会禁令

北京市第二中学　张书赫

近日，中宣部等五部门联合发出通知，要求制止豪华铺张、提倡节俭办晚会，并明确强调，不得使用财政资金举办营业性文艺晚会，不得使用财政资金高价请演艺人员，不得使用国有企业资金高价捧"明星"、"大腕"等等。

—— 摘自《人民日报》

2013年8月15日，中央电视台新闻联播也同时播出了关于中宣部五部委对于节俭办晚会的通知。通知同样体现了中央提倡节俭、轻车简从的勤俭之风，贯彻八项规定的中央精神。在新一届中央领导集体的带领下，中共中央政治局对工作作风问题施以重点关注，对其进行了先后多次大刀阔斧的改革，此次晚会禁令也是继光盘行动后对于工作作风的另一次关注。

各大电视媒体对于各种跨年晚会总是报以很大的投入与期望，在对于晚会的投资上更是大手笔地消费。据悉，在2013年的湖南卫视及江苏卫视的跨年晚会上，对于晚会分别投入了3000万元及5000万元的巨额资金，一场几小时的文艺晚会竟卷入千万余元，这令人吃惊不小。而另一方面，建设一所初级村希望小学仅需5万元的资金，鲜明的对比不言而喻。虽对于央视春晚的资金投入上没有给出明确的数字说明，但根据有关人士透露，在春晚仍可植入广告的那些年中，广告资金的纳入均是以亿作为进账单位的，然而随着春晚的非广告化、非商业化的改革进程下，在新时代先进舞台技术的投入下，春晚的资金投入便很明显了。

欢聚一堂，欣赏一场春节文艺晚会带来的喜庆热闹现已成为了中国同胞们习俗性的动作，然而以丰富群众文艺文娱精神为目的的晚会竟成为了拼大腕、拼资金的烧钱活动。地方台旨在收视率，而中央等晚会的承办也往往昭示着一种政绩上的卓越，比起地标性建筑等政绩工程更甚，然而对于昙花一现般的表演，这种晚会形式的资金量往往注入的更多，也是政府财政支出的一个大项。其实不止是春节晚会，在平时的各种综艺晚会、节日晚会中，绚丽的舞台、惹眼的明星背后晚会也往往卷入这巨大的资金链，然而投入的却是纳税人的财富。诚然精神财富上的需求固然重要，但人民往往更需要看到一场真真正正归属于人民的晚会，而不是用资金做篝火的烟花表演，这也正是中央推出该《通知》的宗旨，免除形式主义，罢黜政绩工程，高举改革旗帜，牢记八项规定，真正遵从人民的意愿，以人民的利益为最高宗旨，才应该是一场一场的晚会所应做到的。

以奢华为外衣的文化永远只是瞬间的，而能以人民为文化的文化，才是铭刻于群众心中的。力倡勤俭之风，杜绝浮华文化，改革之路才能越走越明，群众之心才能越来越亮。

排行榜之我见

北京市第二中学　孟繁哲

　　前几天无意中看到报纸上登了一则世界大学排行榜，上面北京大学竟位列五十多位，和哈佛等名校相比望尘莫及。惊讶之中我也在想，排行榜真的能反映大学水准吗？

　　有的人迷信排行榜，认为排行榜就是权威。他们要上排名第一的大学，听排名第一的歌，看排名第一的电影；另有些人视排名榜如粪土，认为其不过是商业团体为了夺人眼球的噱头，对关注它的人是一种欺骗。而我却认为我们没有必要过度地褒贬排行榜本身，因为它只是人们衡量事物好坏的一个标准。这种手段无可厚非，真正需要探究的是它反映的社会心态和价值观。

　　首先，排名的基础是比较，是竞争。所以，排名榜本身反映的是我们对竞争的重视。自改革开放后，市场经济中一个重要原则便是自由竞争。这种竞争符合自然界生存法则，颇有些"物竞天择，适者生存"的味道，它促使社会中的每一个人都力争上游。撒切尔夫人执政期间打压工会，就是为了用竞争重新振兴英国经济。而形形色色的排行榜恰恰以清晰的方式将竞争的实时结果呈现，使身处榜头的人有危机感，身处榜底的人有进取心。从这个意义上说，排行榜是现实的必然反映，是社会活力的激活剂和社会进步的助推剂。

但是，排行榜并不是完美的。因为排行榜的好坏依据来源于可以比出大小的数字数据。但用量化的方式只能评价一些简单的事物，例如经济的GDP，学生学业成绩，电影收入票房，但它们所要反映的背后的东西往往更为复杂。例如GDP增长难道经济就能可持续发展吗？成绩高的学生综合素质就强吗？没有书呆子吗？电影票房高就代表它有文化价值吗？三级片就没票房吗？所以，量化的排行仅能作为评价的一个参考，如果仅以排行榜评价，难免会造成严重的社会不公。

同时，排行榜还反映了标准化倾向。自工业革命以来，日夜传动的流水线让人们生活水平提高不同时也引发了标准化风潮。工业产品标准化很重要，但文化制品、文化学府的标准化显然不合时宜。哈佛大学走贵族范，麻省理工走专业范，《知音》杂志贴近大众，《三联生活周刊》关注社会，非要给他们排名就明显失之偏颇。因为文化本身就是体现个性的，"仁者见仁，智者见智"，排行榜的标准将人圈定在条条框框中，如现今的网络小说和抗日神剧，为了追求点击量收视率，千篇一律的狗血，不禁令人毛骨悚然。由此观之，排行榜带来的是压抑个性的铁房子，更遑论那些所谓权威排行，就更是对文化发展的束缚。

几百年前王阳明就说过："你未看此花时，此花与汝同归于寂；你来看此花时，则此花之颜色一时明白起来。"很多时候，事物的好坏取决于我们个人的性格和判断。对于排行榜，我只能说它是一种裁决手段，是一种判断依据。他在某些量化事物上发挥较大作用，而在一些偏重个性的问题上，如书籍、电影，以至于幸福感，我们又何必从众呢？排行榜不是我们应该追求的，真正应该追求的，应是排行榜带来的繁荣与活力。

我们的槽点在哪里

中国人民大学附属中学　韩林峰

　　提到"吐槽"，大家一定都深有体会，吐槽春晚，吐槽新闻报道，吐槽各类我们所熟知的或不熟知的事物。吐槽已经成了咱中国人的习惯。在这些"吐槽"当中，有的吐槽是调侃，有的吐槽是表达不满，也有的是讽刺。总之，我们遇到人、遇到事，不吐槽两句似乎就觉得不爽，或许这已近乎成了我们的习惯了。

　　最近看到自主招生的题目，有一道是要求考生吐槽春晚，要求便是必须批评春晚中的部分内容，我想了想应当如何答这道题，给出的答案无非以下几点：

　　没了宋丹丹，没了赵本山，魔术又露出破绽，还有总导演的形象确实一般般。

　　至于还有各种网友的五花八门的槽点，我也确实无法一一列举了。

　　不过面对"吐槽"二字，我一直想问："我们真的总要去找一件事物的槽点所在吗？或者直截了当地说，我们不看到事物的反面就要难受吗？"

　　没错，我好像是在较真，我也正在吐槽，不过我觉得这样的较真是有价值的。

　　我们总试图去观察事物的反面然后去揭露它，并把这样的揭露当成一种新奇有趣而又有价值的发现，似乎我们找到了什么宝藏一样。然后我们就对准这个点，开启我们的喷子模式，开始口诛笔伐。这里的"口诛笔伐"四字或许有些过，毕竟有些吐槽只是委婉的调侃。不过，事实是，许多人面对着他们看来"值得吐槽"的东西时，便暂时将真相搁置一旁，一味地证明自己是多么的"独具慧眼"。在我看来，这种行为，挺让人看不起，甚至可以说，鄙夷、反感。

举个例子吧。

前些日子有个老妇人在街上跟一个老外吵了起来，似乎是说老外开车蹭伤了自己，网友们按捺不住了，开始狂风骤雨般地攻击那位老妇人，说什么现在的老人讹了中国人还不够，还要找外国人的麻烦。结果真相一揭露，明明是那个老外无照驾驶还伤及老人，老人找他索赔当然是情理之中。结果网友的嘴又开始一边倒地向那位老外喷出一些不干不净的东西。仔细看看这件事，这些人的吐槽的价值在哪里？是在批判邪恶吗？不，我想，这些吐槽就是一些无聊中的发泄，可这些个吐槽，所伤及的是无辜的人或是本来就受到伤害的人，带来的影响自然也是负面的。无疑，不理性不客观的"吐槽"，所带来的只可能是伤害，却没有所谓的对正义的维护。

再看看咱们的春晚吧，要说咱们中国人在同一时间点看的人最多的电视节目，肯定非春晚莫属了吧，结果网友们给出的评论，从来都不是"小彩旗转起来好漂亮"或是"李谷一唱的还是那么好"，却从来是"这个演员长得真抱歉"或者是"这大哥又假唱"，我想说，你都这么反感春晚了，你还看个什么劲呢？还不如去打两局LOL上上分呢。然而这些人还是要看，还要不停地"吐槽"，然后成吨的槽点就刷爆了各大网页。

其实我们不一定总要以这样的眼光看待问题。

　　我觉得，做评论，不需要多么新颖，或者多么奇葩，只需中肯就行。一件事物，它本身是什么样，就怎样评论，这便足够了。或许你会认为这样的评论其实没有价值，因为真相是人人都能看见的，然而事实是，你真的能看到事物的真相吗？

　　在了解真相的基础上，再做评论，我想，这样的评论，才是可能具备它的价值的。

　　然后，我们再选择不同的角度，可以以欣赏的角度去看问题，也可以以批判的眼光看问题，这一点因人因事而异。然而，以批判的眼光看待问题，和单纯的吐槽绝非一码事，前者是以有深度的眼光看问题的本质所在，而后者，只是单纯的发泄罢了。

　　我们不要总刻意找一件事物的槽点在哪里，要看看它的闪光点，或者说，它客观存在的一些症结，才是我们应该拥有的眼光。

　　我希望我们的评论能够促进一件事物的改善，能够纠正社会的不良风气，而不仅仅是吐槽，发泄自己的不良情绪。幸运的是，我们官方的舆论媒体，在通过舆论监督的手段，促进社会的转型、促进政府的改革。他们的客观理性的评论，才是我们所真正需要的、有价值的东西。我也希望，我们的生活中，应当多一些有着促进作用的评论，哪怕这样的评论是批评、是毫无保留的揭露；而这个社会应当少一些毫无意义的吐槽，社会的发展，需要的是装着药品的针剂，而不是装满火药的枪弹。

恋爱与否应由中学生自己决定

北京市第二中学　孟繁哲

　　现在中学生恋爱越来越普遍，家长们也不再拼命打击孩子的恋爱，老师知情后也多是将男女学生劝勉一番。记得黑格尔说过："存在即合理。"那么普遍存在的中学生恋爱是不是合理的呢？

　　当然合理！恋爱是人到一定年龄后的一项本能，就如同吃饭也是人的本能一样。控制人吃饭会使人身体羸弱，控制人恋爱也必会造成人精神上的压抑。只要学生有这种本能，当然合理；反之没有，也不应强求。

　　可家长和学校不这么认为，他们看待中学生恋爱就如同张伯伦看待希特勒一样，采取绥靖政策能防止更大的牺牲，自然绥靖政策也能防止更出格的事，那么好，就绥靖吧。

　　他们打心眼里看不上中学生的恋爱，觉得那就像婴儿耍大刀，是既可笑又危险的行动，可是，为什么呢？

　　据我所知，首先一点是因为传统。当今中学生的家长，大多四五十岁，他们是从"文革"废墟中爬出来的一代，十分可敬。但既然是改革开放初期的年轻人，自然心中有些落后的思想没完全解放，总觉得自己上中学时根本不敢提及"恋"、"爱"二字，哪里像现在的中学生还敢去谈恋爱，真是没有道德。其实越封闭的社会越有一些奇怪的传统，比如恋爱以18岁为标准，以上可谈，以下不可谈；而我却觉得18岁是法定成年的年龄，是需要承担法律责任的标志而非谈恋爱的标志，况18岁以下谈恋爱一点也不违法，我不知道这种传统有何道理又从何而来。

既然家长们或多或少受了奇怪传统的摧残，就要像鲁迅说的那样："自己背着因袭的重担，肩住了黑暗的闸门，放他们到光明的地方去。"受害了的上一代，就不要使下一代再受害；打碎了18岁的传统，恋爱与否就可以由中学生自己决定了。

其次一点，家长们觉得中学生太年轻，不成熟，所以不能谈恋爱。在我看来，既然孩子能谈恋爱，就说明他在这方面成熟了，就像他个子长高了一样，家长应该高兴才对呀。其实预科班，少年班，学前班，乃至胎教都是同样道理，既然当今课程需要提前学，为什么恋爱不能提前谈，这是每个人依据自己情况做出的选择，所以恋爱与否应由中学生自己决定。

再次一点，家长们觉得中学生学业紧张，没时间谈恋爱。没时间谈恋爱却有时间上课、写作业，为什么？因为家长们认为学业很重要。学习是学生的主业，固然重要，但也不是学生的"唯一业"。中学生要全面发展，恋爱恰恰是人生的必修课。懂得恋爱就懂得爱情，懂得爱情就如同懂得亲情与友情一样，使人更好地了解社会和人际关系，也使人有情有义而非冷酷无情。曹雪芹正因为十几岁时仔细品尝过美好的爱情才写出了不朽名著《红楼梦》。所以，没时间是幌子，关键是不重视。可这门必修课要学呀，至于早学晚学，也就是在中学恋爱与否，最好由中学生自己决定。

最后一点，家长认为中学生恋爱不容易有结果——发展成结婚，所以毫无意义，所以不该谈。这说法就更可笑了。一是为什么谈恋爱就要有很大的把握能结婚？初恋成为终身伴侣的究竟是少数，难道我们就不必开始初恋了吗？况在大学中，又有百分之几的情侣步入婚姻殿堂，难道大学生也不应该谈恋爱吗？既非如此，又为何对中学生是如此态度。二是在当今这个物欲横流，人情冷漠的社会中，真善美的感情更应得到保护和提倡，而中学生的爱情便是一种至真至善至美的感情，如此看来，家长何不让中学生自己决定恋爱与否，以此作为对真善美的保护呢？

这样看来，中学生恋爱合情合理，有利无害。即使如此，我也深知，我很难让几个家长同意我的观点。但我们中学生要坚信并向世界大声呐喊：我们的恋爱没有错误。这样做，一是使自己的恋爱有名有实；二是当我们的下一代成长为中学生时，也能毫无疑虑地告诉他们"恋爱与否应由你们中学生自己决定"，这样解放了他们。至于小学生的恋爱，因为我不是个激进的人，就留给我的下一代思考吧。

一本刊物的精神

中国人民大学附属中学　董姝辰

一本刊物，该有自己的精神。

所谓精神，说得通俗些，叫作"气质"；说得玄一些，是一种"气"。我喜欢叫它作"气"，因为这种听起来故弄玄虚的说法，更符合中国人的文化背景，反倒容易理解了。中国人形容一种精神的时候，会在其词尾加上一个"气"字，如"正气"、"勇气"、"灵气"，用这些词形容一个人时，仿佛他周围真的有这么一种缥缈的气笼罩着，拥有这些气的人，自然就有与别人不同的风采。若梁启超站在你面前，他那种热烈、不羁、凛然又浩然的气，就几乎能把你掀翻。

那么一本刊物的"气"又该如何？在报刊亭前一站，翻一翻手边的刊物，每一本都有自己的"气"。只不过，这些气或清新宜人，或污浊不堪，或耀眼，或平平，或深刻而稍露锋芒，或媚俗而搔首弄姿。每本刊物的精神不同，自然读者也就不同。所谓物以类聚，便大致如此。

说到这个话题，是因为前段时间曾有人问我，《无疆》是否有自己的定位。他在问题中用的词是"定位"，而我在回答中，抱歉，自作主张将其改为"精神"。两者的微妙区别在于，定位是外界给予的，而精神是内在决定的。把《无疆》锻造成一本怎样的刊物，我们并没有在最初就强加给她，而是如同养一块璞玉一般，在每一个日子里，用每一个人的心去呵护她、滋润她，在无形中喂她以我们崇尚的精神。终于有一天，我们看到她由内而外发出的光辉已那么坚定，已与她的灵魂彻底地融为一体，这时我们才能够舒展眉头，说，《无疆》有了自己的精神。

如今《无疆》的精神并未展现完全，但已能从其雏形中领略一二，借此稍作解读，以贻疑惑而热情的读者。

简洁大气是我们希望《无疆》给人的第一印象。我相信白纸黑字，语言会更有力量；我相信留白会带来令人惊喜的效果；我相信温润柔软的纸张会比闪着光芒的纸张更容易融入人的思绪。我们希望这样的外表能够带来些许禅意，使你翻开她时，心会自然地沉静下来。

《无疆》是充满激情和朝气的，有着对生活热烈的追求和对未来坚定的憧憬。《无疆》还年轻，我们也还年轻，这份年轻所带来的激情和朝气不会熄灭。无论她经历多少次换届，多少次改版，也不管她遭遇多少次挫折，抵抗多少压力，受过多少委屈，激情与朝气的火永远燃烧着。

作为学生刊物，该有些这个年纪特有的锋芒。我们开始真正投入这个世界时，眼光最能够发现迂腐之处、阴暗之面，因为我们还没有对这些习以为常。更重要的是，我们还没有失去信仰。因为有信仰，所以有勇气；因为有勇气，所以亮锋芒。我们相信邪不压正，所以对于不公正和不光明，绝不视而不见听而不闻。无条件接纳的是懦夫，是注定被时代踩在脚下的无谓牺牲者；只有有勇气将剑锋直指要害的人们，才是历史前进的希望。如果年轻人都没有了锋芒，这个世界还有何希望可谈？

许多人对《无疆》的评价是"文艺"。实际上我不敢苟同这种解读，倒并不是文艺这个词本身如何。"文艺"这词如果是在十几年前被用作形容《无疆》，我一定满心欢喜，只是当今人们对"文艺"的解读已经荒唐到匪夷所思的地步。"文艺"本是名词，是文学与艺术的合称，是一个相当宏大的概念。直到十几年前，文艺还是积极向上的，是一株出淤泥而清芬的莲，一棵破危岩而傲立的松，一把斗风雪而咆哮的火，一束划破监牢般黑暗的光。朱光潜老先生曾说："一个对于文艺有修养的人决不感觉到世界的干枯或人生的苦闷"，"一个人如果有纯正的文艺修养，他在文艺方面所受的道德影响可以比任何其他体验与教训的影响更为深广"。真正的文艺从来都是给人以力量，在那个动荡的年代，是那些深谙文艺的青年们撑起了半边天。我所希冀校刊的精神中拥有的，便是这种意义上的"文艺"。

可怜而又可悲，如今的"文艺"演变为形容词后，其意义让人啼笑皆非。流传甚广的诸如"唯美"、"意境"、"伤感"之类，大多不是真正的文艺，而是无聊之人的孤芳自赏，是以忧伤为荣之人的"为赋新词强说愁"，严重些的，只是"肉麻当作有趣"而已。真正懂得文艺者，总是所想远多于所言，感情的波澜远多于语气的渲染。真正的文艺，是妙语连珠、微言大义，而非华丽辞藻的堆叠滥用；是对人生及现实的深刻认识，而非花瓶式的无谓感伤；是热烈的激情和深沉的爱，而非蜻蜓点水、过眼云烟般的肤浅情感。

当然，文艺本身从未改变。但当文艺诞生是为了供无深意的闲人以招摇的资本，或者给有深意的闲人做生财的"种子"，文艺便成了假文艺。然而如今充斥社会，尤其侵染学校的，竟正是假文艺。校刊的精神体现着一所学校的精神，《无疆》作为附中的校刊，肩上就自然地有了一种特殊的使命。《无疆》的精神中，真正意义上的文艺，不止必不可少，还要追求淋漓尽致的体现。

我衷心希望以真文艺为精神的《无疆》是清香的、坚韧的、深厚的、光明的，在时代的洪流里，不惮以微薄的力量中流击水，逆流而上。

—— 第五章 ——

生命不息，探索不止

　　这个世界上，最值得佩服的应当是哲学家和艺术家。其他人要么是在追求令自己的人生变得更好，要么就是在追求让世界变得更好，唯有哲学家和艺术家的群体里，大多数人的大多数时间都是在寻觅痛苦。可以说他们的一生不是在痛苦，就是在寻找痛苦的路上，这是一种高尚的情操。

　　上面的话，听着像讽刺，实则不然。常常听一些功成名就者在传记中或者电视里大谈自己对于事业的热爱，这种事当然没法鉴别真假，但显然缺乏说服力，因为谁都知道当一件事能给你带来好处时，你爱不爱它反而没有那么重要。我们之所以说哲学家和艺术家是伟大的，正是因为对于天性是趋利避害的人类而言，明知一件事是害，却仍要迎头而上，这种能够违逆天性的追求，无疑更为崇高。

　　哲学与艺术之所以常常使选择它们的人备受折磨，是因为它们起源于人类对世界的思索。当一个人还在苦苦挣扎温饱时，他的人生反而可以说是幸福的，因为无论他选择向哪个方向走，都是在追求更好的生活；可当一个人的基本生存需求都已经被满足后，他的存在就变得相当危险且备受困扰，因为此时如果他继续追求，就要走向对世界的思考，而这往往意味着痛苦。人的生命相对这个世界的复杂性来说，就像芥子或尘埃一样微不足道，想得越多，迷惑就越多，痛苦也就越多。

　　生命不息，探索不止，这也是为什么千百年来人们在见识过一个个哲学家和艺术家所经历的磨难后却仍在做出相同的选择。高贵的灵魂需要痛苦，就像熠熠发光的钻石需要无尽的雕琢。

牛油拌饭

中国人民大学附属中学　　张天宇

近日外出参加一个活动，吃饭的时候餐桌上全是不认识的人在互相吹捧，大家的杯子碰在一起，连梦想破碎的声音都被笑声掩盖。自助餐的种类虽多，菜式却不怎么精细。放眼望去，只有米饭让人还有点食欲。刺身的三文鱼是冰冻的，虽然酱油的味道还好。各式面包瘫软在架子上，完全看不到烘焙的诚意，不过黄油却是新西兰进口。

米饭，黄油，酱油。

对的，《深夜食堂》里面的牛油拌饭。

我深知文艺作品里记载的吃食大多不可靠，《红楼梦》里的菜式后人有所仿制，味道令人不敢恭维。清人袁枚的《随园食记》记载的吃法，现在一般也只用在菜谱的前言中。至于黄蓉姑娘的那几手做菜的本事，我等凡夫俗子没那个武功根底怕是也就只有意淫的份儿了。

更何况一部日本的电视剧了。

所以当我把小块的黄油埋在米饭之中，透过米粒的缝隙看着黄油一点点融化，闻到浓郁的奶香的时候，我虽然有点动摇，却也还不相信。在酱油，切记只是一点点酱油滴到米饭上的时候，我仍在负隅顽抗，努力让自己不去想象酱油里面蕴含的阳光和谷物特有的香味的奇妙结合。筷子缓慢地插入米饭之中，一点点地把化开的黄油和米饭搅拌均匀，酱油的颜色逐渐看不见了，只留下一点点淡淡的褐色包裹在每一粒米饭上。

一个朋友曾经问过我一个很难回答的问题，你有多久没有觉得一个东西特别好吃了。作为一名老饕，月钱大半用在吃食上，虽然比不了每天花五块银元吃饭的章太炎，却也算得是个吃货。吃的多了自然就腻了，虽然也还是在吃，虽然吃的也是大家觉得还蛮好吃的东西，但是那种放下筷子点头微笑的幸福感，真的记不清上次是什么时候了。反正肯定还没遇见它。

我拿起筷子，吃了一口牛油拌饭。特别好吃。

化开的黄油调和了米饭的甜味和酱油的鲜味，却又不显得油腻而多余，这种感觉就如同每一对情侣吵架的时候，那个在中间赔笑脸讲道理居中调停的闺蜜。有些食物你能说得上来其中味道的来源，原料、酱汁或者配菜，哪里好或者哪里不好。但是这牛油拌饭却不能，因为它太简单，以至于竟不能去掉一种配料来讨论。米饭的温度刚刚好驱散南方冬天的阴冷，黄油的一点点咸味和一点点奶味给人一种莫名的安慰，而酱油这东西只要一点点却让整个料理有了神韵。这种美妙的感觉甚至让我开始觉得奥古斯丁的上帝之城里肯定到处都在贩卖牛油拌饭——毕竟这种食品大大增加了三位一体这个概念的说服力。

真的特别好吃。

好吃到我竟然在一桌子的陌生人面前笑出声来。

有人说吃东西要追求满足感，但是这其实是种吃饭的很低的境界，双份芝士的双层牛肉汉堡之所以被美国胖子们吃了几十年，无非就是这东西廉价却能给人满足感。好吃的东西追求的应当是幸福感，而幸福感是种特别简单的东西。就如同爱情给人带来幸福不一定非要是豪华游轮环游爱琴海，和喜欢的人一起打着伞在雨里面走就已经很开心了。简简单单的一碗牛油拌饭，却能让人感觉到一种触手可及的幸福，那种一点也不在乎金樽清酒和玉盘珍馐、能安心的扒完最后一口饭的幸福。人啊有时候争得累了，拼得倦了，才发现这世界上很多美好的东西是不需要那么多钱的。固然这么想了之后还是要扎紧领带乘早上的地铁去见第一个客户，还是要在深夜的星光里从图书馆走回寝室，但是每每想到这些的时候我们疲惫的脸上闪现的笑容，足可以感动你对面的陌生人了。人需要拼尽全力，但是无论成功与否都还有一碗可以让自己幸福的牛油拌饭，这样的人生才当真值得拥有吧。

越来越觉得，人大附中的岁月是一段充满理想主义的年代，大家谈的是诗歌、哲学和爱情，可现如今的大学生就只能聊工作、出国留学一类的俗务，常常不由得颇感惋惜。只是又似乎对于每一位附中人来说，理想主义其实从来没有走远，只是展现的方式不同。在这样一个更多元却也更骨感的时代，坚持理想变得更难，人们面对的挑战也更多。这个时候非要人家连一口饭也吃不上地去谈什么理想主义，和那个历史上的悲剧时代又有什么区别。每一代人都会把后一代人称作垮掉的一代，但是事实上只是理想主义的面目不那么清晰了，理想主义的情怀没那么浪漫了，但是坚持理想本身从来没有走远。

就好比牛油拌饭的味道一样，估计很多年也不会改变。

诗歌，哲学，爱情，理想主义。

米饭，黄油，酱油，牛油拌饭。

巨 石

北京市十一学校　王峻

　　"与被悬挂在峭壁上供秃鹰啄食肝脏的普罗米修斯相同，另一位为人类带来好运的神，西西弗斯，也受到了应有的惩罚。只不过，他是要周而复始地将一块巨石推上又滚下……"悦耳的下课铃响了，一针兴奋剂打进了L先生的学生们的耳朵里，"好吧，下课。"

　　L先生祖上远离故国迁居异乡，到了他乡，又归心似箭地回来。他在这所大学的哲学系任教，语言还算通畅。"毕竟，对于学哲学的人来说，想比说重要。"他常说。

　　向来没有思想者的架子，L先生把自己的一切思绪藏在最深的内我之中，允许他的思维在内部最激烈地运动——但只能在内部。因而可以说，以下凡是写出来他的那些自言自语，全部是L先生自愿提供给荣幸的笔者的。

　　"八月，我回到，不，来到这里。建筑与服饰风格都与老照片上截然不同，使我怀疑当时是否上错了飞机。唯一使我安心而又不安的，是这里人的味道。这味道，和他们说得像极了，让我放心于这里是我的目的地；确然，味道又不太好。"

　　"看一个国家，最好不要看它的首都；然而到这里，我要说品察一个国家人性的气息，其实在哪都差不多。路边，刚来的几天便让我注意到了乞讨者。路人倒没有再伸长脖子围观什么，没有那种辛辣的眼景，因而他们只是冷漠路过，做好路人本职。某日我终于满足自己施予高尚的愿望，然而当他，那乞讨者举目的一瞬，一股得逞的满意洒在我脚下；我说，别笑，每天收摊你去哪换衣服、下什么馆子我都看得很清楚，只是我的某些需求还需要乞讨者帮我满足而已。这大概是我来之后第一次嗅到虚伪与懒惰的气息。"

"比这略微糟糕的，还有各种社会声音。电磁波充斥着每一个角落，传递的信息却并不那么有用，甚至并不真实。名人八卦可以闹得无人不知，学者的指责声让人摸不透真实用意。媒体，把外面的声音当作语文教材一样斟字酌句，对于听他们说话的人，却铺天盖地地用美德与精神填塞着他们的耳朵。以至于群体意志在冰与火之间愈发麻木，直到邻国有犯，才能如电击疗法般唤起群醒，哪怕只碰一个小岛。这样狭隘的气息几乎让我喘不过气了。"

"还有更糟的，说说我的学生们。当然他们都非常有个性，优势突出，我甚至可以断言，如果他们每个人出一个项目让我同他们比赛，我一定一场也赢不了。当然他们的举止、素养较他们的父辈也有所优化。但是很不幸，至多我能在他们身上看到的是人类进化的迹象，却仍然渺茫于这个民族的进步。骨子里，他们还是弥漫着我的祖上离开时的那种并不令人愉快的气息，而且他们竟然一个也没有自己感觉到！这使我开始怀疑我是否也遗存着祖上的劣根，审视过后，毫无所得。"

"因而我开始同情他们，不，是我们。我们都不能清楚地发现那些在自己身上的、很容易被别人察觉的气味。纵然'人啊，认识你自己'可以被呼喊上千年，我们依然做不到，做不到。"

L先生所提供于笔者的也就这么多了。当他在我对面端起茶碗，细细吹几口气，刮刮碗盖喝下一小口时，我有一种起身的念头；倏尔，又猜他大概不了解这动作的深意，又或是到底我是个土生土长的，身上与脑子里的气味与他所说的那些相差无几，是我多想了。

"我说，一直没想明白普罗米修斯和西西弗斯为什么帮助了人类却受到惩罚？"这次，是我在问。

他儒雅地笑而不答，从口袋掏出笔，在纸上写了一行字递给我，把我的手指收起来，以遮住那纸条，走了。我略顿之中猜测重重，几分钟之后怀着一种宗教式虔诚张开了手——

人是一种应当被克服的东西。

仿佛有一块巨石滚落回到了原处，又仿佛它本来一直就在那里；突然地，"克服"二字被抽象到了周而复始的巨石上，唯有反复是可能的结果。因为人未被克服时，应当被克服，而一旦被克服，则又无人克服。只有在被克服与未被克服之间反复，无尽地反复。

那行字渐渐地，渐渐地被打上了沉重而肃穆的灰色。

讲　究

中国人民大学附属中学　吴昭

"——我们生活在无趣的当下。今天相似于明天雷同于昨天，再繁复美丽的袖袂衣饰，临街转角就是相同款式；再迷神醉人的琼浆酿露，对面货柜上就是复制粘贴的味道。四野寂寂，华屋已塌，所有的观众都在喝倒彩，他们只希望生活这场戏早散。"

果真？

——非矣。

我这么想的时候面前家制的灌汤小笼包上桌，馅儿由肉皮熬制肉冻做成，包子上笼蒸熟，皮冻随之融化。趁热咬开包子皮，里面一汪颤颤的膏汁，肥美无比。吃时用手指拈起包子嘴，皮在灯下照得薄薄透明，汤汁晃晃荡荡，将包子坠成一滴水滴模样。轻轻放进小碟，撒一撮姜丝，浇上香醋，吹得凉下来，嘴巴凑上去咬一口，随即噙住吮吸汤汁。这是家常菜里我最热爱的一道，每回想起总是心旷神怡，且会跑去要求妈妈这个周末再做一次。

对吃的讲究，馋的热望，也许起源于我童年时读的《闲情偶寄》与《随园食单》。十七世纪，清王朝的文化正盛开，如杨柳盛开在燕京。整个时代都是吃的精华，阳春白雪与阳阿薤露订进两本线装书，四百年后推上我的书桌犹袅袅冒着香气。翻几页，随兴搅一搅，就填出一首行云流水的牌词：

> 百合红豆包，木樨蜂蜜糕，酸浆花卷，甜醪糟。
>
> 银鱼酿豆腐，蛋饺煲芋圆，翡翠糯米，笋笃鲜。

不够吗？再填一首七绝：

> 青梅夏饼与樱桃，腊肉江鱼乌米糕。
>
> 苋菜海蛳咸鸭蛋，烧鹅蚕豆酒酿糟。

  馋之启蒙本里描写的酥皮蟹黄酥与通明如火的金华火腿令我至今难以忘怀，然坊间积数千年的食谱较之袁子才丝毫不逊色。五千年乘以九百六十万平方公里的一部食谱，杯盏间盛的除了对生活的热爱，还是热爱。开春上五丝春卷，金黄酥软的薄饼裹青笋丝、豆腐丝、肉丝、木耳丝与蛋丝；鱼季紧接，银鱼武昌，掐紫苏与薄荷来烹；枣泥花糕玫瑰糕应景，入夏喝冰糖绿豆粥。坊间卤煮火烧豌豆黄接踵地来，藕与菱角你方唱罢我登场。嫩黄瓜、栗子、黏玉米，周而复始，生生不息。母亲们的锅中暗藏了朗朗乾坤，亨葵及菽，或燔或炙，三指宽的一刀五花肉，水嫩嫩的白豆腐，红艳艳的苋菜，活蹦乱跳的青虾，及至她们手里，一律变得无限美味。多年以后，即使你宝马香车加身，席上玉盘珍馐龙肝凤涎，怕也再比不上九岁那个下午往自家羊杂鲜汤上撒胡椒粉与翠绿香菜时，心中的自豪满足啊。

  "这是盐的味道，山的味道，风的味道，云的味道；这也是时间的味道，人情的味道。"

  南溯与北洄，千里万里，千锅万铲，相同的不是生活与味道，而是心意。有食物的地方，就有人在想家。

而那一片故土，不在仓颉的汉字里，不在安东尼奥尼的镜底，不在太白和东坡的韵间，却在那一碗水磨汤圆的热气中袅袅升腾。做食物的亲人眉里眼间是安逸的笑，盘中清淡而悠长的香气，不经意就征服了风霜与时间。

他们是最讲究的，没有丝毫轻佻怠慢。他们知道情感远比技巧重要，因为技巧可以被模仿超越，唯有情感真正属于自己，独一无二。

楚后江萍，秦公海枣。雪腴岁月，京思莼鲈。

其实也不止指食物。

存在即合理

北京市第四中学　晏然

刚刚进村，感叹于乡亲们房子很大很漂亮；一进家门，却惊奇地发现屋里堆的是村民自己一担担挑来的沙子，二楼有很多木材，屋子像毛坯房一样。老奶奶很沉默，两个姑娘十几岁，见人进来便匆忙关上了门。

第一顿晚饭吃得也很沉默。先前所想的那些与农民伯伯率直地畅谈的情景灰飞烟灭，我们几个只好默默扒着饭，在脑海里无数次构想有什么问题可以问出口。人和人之间如果地理和生活上的距离很远的话，是不是这种物质上的距离便会成为开口前哽在喉头的滞涩感了呢？问什么问题，都要在脑子里想上一会儿，小心翼翼一番之后还是化作埋头吃饭的默然无语。

我们试着问，姑娘你几岁了啊，她答，十四，便不再说话。我刚要张口，"那你在哪里上学？"忽然想到好像没听说他们这里的中学，万一她不上学了怎么办？便怕触碰雷区，一口咽了回去。

我看见桌子上摆的高钙粉，料想老奶奶一定有一个在外打工的蛮孝顺的儿子。我又开口要问，转念一想，万一两个女孩都敏感地想爸爸了怎么办，万一老奶奶不愿意提起这些呢？再一次选择沉默的同时突然觉得很挫败。

第二天早上我们主动去跟在厨房忙活的老奶奶打招呼，说奶奶早上好。奶奶有些意外地摇摇头，"什么早上好。"我们对视后愣了一下，转身就走。既然已经表达了我们的足够友好和足够感激，我们就不必在意奶奶那不是有意带上的嘲讽口气。我们也不必因为看到别家都热情熟络气氛欢乐就拼命想着和家里的村民搭话，这是他们的处事风格——能干，寡言，厚重。

说适应是真不适应的，很难说一下子就可以适应满屋的虫子和赤脚在泥地里啪嗒啪嗒走的感觉，也很难适应没有垃圾桶乡亲们往屋里吐痰。我一开始总在心里默默觉得这样的生活真是很简陋很不卫生。也许抛开悲悯和嫌弃的眼神和四处泛滥的同情之后，真正的生活才能开始。

我们其实并不需要刻意去观察什么、装作自己能体会到什么之后再去谋求一个话题谈话的开始，进农村之后也并不需要酝酿什么悲悯的心绪，一切都应该是自然生发出来的。这是我来之前对自己提出的要求。之前很欣赏柴静的文风，但又很看不惯柴静在做采访时那种不知是有意无意体现出来的自上而下探视的口吻。那是一种施舍者对被施舍者的询问，让人听起来不舒服。

于是我宁可选择只观察，少评论，不在最初就带着自己的观点立场去妄下评论。

于是便听着溪水声时而潺潺，时而如涛；看着望不够的绿色，鲜亮年轻得不像话；撑把伞听着细密的雨点打在伞面上，厚重的云团随性地阴晴挪移，雨时停时下；一天几趟地走在乡间的大路上，有时真想张开怀让自己被拥入这片山水的怀抱，但最终还是因为想起有那么多可爱的孩子等着听自己讲课而加紧了脚步。

存在即合理。万事万物都有自己存在的理由。精细缜密的插秧工作我们做不来，下水之后陷于一片软泥之中歪歪扭扭地插下一排孱弱的秒；农民们却习惯了挽裤管穿雨鞋下田浸泡的时光，他们的生命中有大部分的时间是与密密的稻子、水里的蚂蟥、泥土的温软——甚至遍地的牛粪——一起走过的，他们习惯于这样的人生，他们的人生于我们来说是新奇的风景，我们体验砸糯米糕，对着赤膊操起锤子的村民拍照；我在一刹那震撼于那农民的臂膀，赤铜色，坚硬有力的，厚重的，自然的臂膀。一瞬间可以想出无数的词语来描绘这个肌体，农民们独有的肌体。

我渐渐地懂得，所有的人生都是平等的，所有的生灵也是平等的。我试图改变从小到大对动物的抵触。后来我才学会鼓起勇气迈进湿软的烂泥中不惧蚂蟥，后来我才学会路遇不拴着的狗不像从前一样试图责怪狗主人而是目不斜视不流露出自己的恐惧，那狗自是不会理我的了。

这次深入乡村真正体验到了与世无争道法自然的含义，曾经试图俯身了解，后来试图深入理解，最终才发现原来让自己的生活平行融入乡村之中才是最好。

存在即合理。

逃离与治愈

中国人民大学附属中学　王天墨

期中前的一个中午，与好友去校外吃饭。路上，我们偶然提及人生理想的话题。记得那是一个天高云淡的秋日，马路一侧聚集着等待绿灯亮起的学生，来来往往的汽车笔直地驶过，最终融进了远处的蓝天之中，消失在视野中。

一个安详美好的中午。

于是我脱口道："也许将来会去做些治愈系的东西。"未想到好友却是笑了一下道："我也差不多。"我讶异地偏头看着她："我一直以为你是想去研究历史的。"

"你难道不觉得历史其实是很治愈的东西嘛。"好友一边反问一边拉着我随着人流前进。

"为什么历史会是治愈系的东西？"我实在很困惑。

"你想，研究古代的东西，脱离了现实，沉浸在过去甚至是自我的世界中。从某种意义上说，这也是一种治愈吧。"

"唔……"我似乎有点理解了。

考试结束的下午，我去了中央美术学院看安迪沃霍尔的展览。

幽静得让人不自觉放轻脚步的美术馆。先是在底层重温了博伊斯的展览，随后沿着涂成白色的楼梯缓步向最顶层走去。当我再踏高一级台阶，猝不及防地，眼中突然充斥着几近令人窒息的浓重的黑色和近乎张牙舞爪般的猩红——是压抑到极致、张扬到极致的颜色。安迪沃霍尔，在展厅的尽头隔着30米的距离和我对视着，而其间隔着的还有30年无法追逐的时光。

安迪沃霍尔的《自画像》，曾经在索斯比拍出4000万美元天价的名作，也是我最喜欢的艺术作品之一，此时就完完整整地以其最真实、最直观的面貌展现在我眼前。因强烈的对比色而产生的眩晕过后，无法名状的感动涌上心头。

对，感动。让人忍不住热泪盈眶的感动。

我在这幅作品前的长凳上坐了很久，内心经历了从最初的震惊、感动，到后来的趋于沉静。是的，沉静。然而沉静并不代表着无趣，而是蕴含着力量。

因艺术的美感而产生的令内心沉淀下来的力量，足以使人忘掉世俗的喧嚣和纷扰，忘掉挥之不去的烦恼、琐事。仿佛是从现实生活中逃离出来，躲入艺术的世界。

于是脑海中闪过那个美好秋日的对话。如果历史是治愈系的，那么艺术呢？我想，艺术也当是治愈系的吧。

但是，以逃离现实为基础存在的治愈，究竟是因为太入世而无法承受现实的起起伏伏，还是真正的洒脱出世，将自己投放在精神世界的洪流中，任世事变迁，我自逍遥？

无论怎样，治愈与逃离应是无法分开的。

日本开创了暴力美学先河的作家三岛由纪夫，穷其一生都在追求真正的武士道精神，最终在1968年选择以切腹的形式自杀。他留下的遗言这样说：

"生命是有限的，但我想永生。"

那一年，日本一跃成为世界第二经济大国。三岛却无法忍受日本物质财富过剩而精神日渐贫乏的现象，所以他选择了永恒的逃离。

若是更上一个层次，死亡也未尝不可说成是一种终极治愈。现实中的三岛逃离了，可崇尚找回古人纯朴坚忍的美德与精神的三岛却永远存活了下来。

对于艺术，我无法说清，究竟是艺术家本身在创作的过程中得到了短暂的逃离，还是旁人在欣赏艺术时于美学之中找到了可以寄托心灵的地方。抑或，二者皆有。

若是这样想来，这种逃避现实的消极心理似是不可取的。那以艺术、哲学为首的治愈系为什么会存留至今呢？对美学和文学的推崇又为何自古便开始了呢？

走出美术馆的大门，来到门口那条并不繁华却充满了生活气息的小道。脚踩过斑驳的树影，双耳中充斥着汽车飞驰而过的声音，街对面是一家咖啡馆，透过半透明的玻璃窗隐约可见里面喝着咖啡听着音乐的青年。仿佛整个世界都是懒洋洋又暖洋洋的。不过是寻常的风景，却是那般美好。在美术馆中没有解开的困惑似是一下子找到了答案。

所谓治愈也许不只是逃离。或者说所谓逃离仅仅是暂时屏蔽掉噪音，放逐自己的内心，去经历精神的历练与升华。当你阅读那些铺陈在面前的曾经的欢喜、悲哀、激情、痛苦与挣扎，当你感叹一代代人的奋斗与思考，会有一些坚实的东西慢慢沉淀在心底，让轻飘的心灵安静。它带给你的可能是一时的沉静抑或是终生的支柱。在纷扰的社会中渐渐学会暂时地逃离，而有时间去思考。在喧嚣中保持舒缓宁静的心态，在丑陋面前依然相信世间的美好。

人非圣贤，偶像也有残缺。在成长的路上，我们与一个个大师、巨人相遇，从陌生、仰视到认识、挑剔。就像三岛，我崇拜他的文学，它让我领略了绮丽之美、让我内心细腻；我也理解日本文化中对死亡的态度以及三岛作为典型日本人的个性，但他的偏执终究让暂时的逃离变成永远的逃避。每代人的青春都是不容易的，大多数的人生都是跌宕的。黑暗中，照亮我们前行的，是精神的火焰，是爱与美的力量。在磨难的锤炼中，我们学习逃离、思考、面对、治愈；在对艺术、历史、哲学的追寻中，我们领略人生的意义，我们的心灵愈加饱满，而前行的脚步会愈加轻快。

去追随那些坚定的足音，去探寻那些笃实的足迹，去实现一个坚强自我的逆袭。

心灵造就了天国，也造就了地狱

中国人民大学附属中学　胡嘉仪

　　帕斯卡曾说："我们全部的尊严就在于思想。"我们每个人之所以不同，是因为我们的灵魂不同，我们有独立的思想在体内运转。这份独特的不同让我们遇见形形色色的人，在不同中遇见相似。

　　然而《1984》带给我太多冲击和颠覆，就像纯白中加入纯黑，带着近乎野蛮的侵略，让你不得不去接受世界另一面的现实——它隐藏在平时你看不见的地方，仿佛是一页美好的图画突然翻过去，你看到的是一片黑暗。我们不怕黑，我们怕的是因为太黑而看不见星星点点的希望。

　　不可想象一个希望被扼杀、爱被泯灭的世界。

　　仍记得麦赛说："难道你不知道，新话的全部目的在于缩小思想的范围？最后我们要使得在实际上没有思想犯罪，因为没有词汇可以表达。"就像哀莫大于心死，最后一个要攻破的是心，他们抢走你的语言，并最终消去你关于过去的记忆，除了你没有人还相信真理存在。"电幕"和窃听器被安插在各个角落，监视和揣测着人们的一举一动甚至一个细微的表情；各种不着边际的增产数字滚动播报，朝令夕改成了家常便饭；过去的一切真实都没有记录，人们不能借助任何外力来支持自己的信念甚至记忆；儿女出卖自己的父母，谁都没有一个可以说真心话的朋友，思想警察是摆脱不了的梦魇，一旦思想和这个荒唐的世界出现龃龉，就注定迟早会被"化为乌有"。

我们不怕献祭的火刑柱，我们只是怕，当我们迈向死亡的时候已不再拥有当初的信仰。只要死时还有希望，就会成星火燎原之势传到每个人心里。然而那个永远明亮却冷酷的缺乏人性的"友爱部"，进去就意味着与原来的思想隔绝，你被迫放弃了真理，将恨与质疑深深埋藏在你自己也不知道的地方。

奥勃良说温斯顿是最后一个人，是人类精神的监护人，是固执的、坚持真理的孤家寡人。

在高度集权的压迫下，人们放弃了思考：

"战争即和平"

"自由即奴役"

"无知即力量"

"权力是为了权力，对另外一个人发挥权力是通过使他痛苦。"

"奴役即自由，灭杀一切异端思想，完全相同的思想、失去自由的思想才会永恒。"

没有人怀疑它们的真实性，高度的集权将人们推向深渊，从此远离思考的光亮。

然而，自由贵在思想。

自由的光辉自中世纪开始衍生，冲破王公贵族的城堡，在莎士比亚和米开朗琪罗的作品里熠熠生辉。无论是资本主义政治经济发展的需要还是伊甸园里智慧之果的缓释作用，总之人们开始追求新生和自由。人们渐渐发现了国家是双面的杰纳斯，是既吃人又保护人的利维坦；而后，人们开始寻求限制权力，代议制应运而生，国王不是被送上了断头台就是在生锈的宝座里郁郁终生且乏嗣无后。英法革命后，甚至德意志帝国也在一战结束的那个十一月土崩瓦解；在远东，孙中山和其后继者的改革缓慢而坚定；美国的托拉斯正孕育着一场经济灾难，而其民主制度并没有就此止步。

人类社会的最高理想就是把利维坦关进笼子里。

不自由毋宁死。人类每一次的进步都是推翻上一个集权迎来一次新生，然而人性的弱点——对于权力的追求，总是站在自由的对立面上，总是让我们在推翻一个暴君的时候迎来另一位暴君，就如同查理一世走上断头台而克伦威尔继位一样，革命从反抗一个人的专制开始，以另一个人的专制结束。我们陷入这样一个怪圈中而不自知。

也许温斯顿还不明白这注定的悲剧，但他明白一旦犯下了思想罪，死亡已是无可避免，只是他做些什么让它提前来到的问题。老大哥是伟大不朽的，那疯狂的是谁？我们开始怀疑世界的真实性，过去是否存在？谎言代替真理横行霸道，集权代替自由和人性耀武扬威。然而，即使反抗已无益于现在，为了下一代和未来，仍会有人勇敢地站出来做些什么；即使最终我会忘记当初的信仰，变得和其他人一样有着相同的、曾经被我所摒弃的思想，但我不后悔，我仍会抗争，为了让真理在多一个人的心里曾经存在过，为了让人们明白——无可逃脱之境于我们，就是为了逃脱，即使你陷入混乱，开始怀疑过去是否存在，怀疑真理是否存在。

现在我们明白了纯色的黑暗不足为惧。所谓彩虹，不过就是光，只要心还透明，就能折射希望。即使黑暗中，你看不到自由与希望，但请等待光，千万的信仰汇合在一起就是光，是希望。

所有的颠沛流离，最后都由大江走向大海

北京市第四中学　江淙钰

战争，有［胜利者］吗？

我，以身为［失败者］的下一代为荣。

——龙应台

"所有的颠沛流离，最后都由大江走向大海……"扉页这样写道。

这本书，其实是一张由无数人的碎片拼凑起来的拼图。有点像我们刚做完的"身边的陌生人"采访活动写出来的作品。自然年华似水般流去，记忆被晕染而模糊，可是有些场景、有些回忆，是无论如何也无法被洗刷的。

第一个给我留下深刻印象的，是龙应台之母——美君离开家时，那个一次头也未回的背影。当时她说，很快回来啦。她当时确实是那样想的。但是这淳安城一别，她竟别到了台湾，别了足足半生时光。再回去的时候，老城已在水下安眠，她早已不复年轻。

我常在想，那漂泊异地的许多年，她是不是经常惦记着那个曾经那么熟悉的淳安城，努力地咀嚼着离开那一天的每一刻、每一幕，后悔当时没有回一次头、多看那座城一眼。因为以后，就再也看不到了。

第二个让我总是想着的场景，是龙应台的哥哥——龙应扬，在每

次火车经过衡山站的时候，总会冲出屋子追着火车大喊："妈妈，妈妈……"

美君去接应扬的时候，他还很小，由于跟母亲不熟，在上火车的时候哭闹不止。美君最终没有忍心把他带走。但是"母亲"这一形象，即便大抵很模糊、只有最后的一帧是略微清晰的，却在幼小的孩子心里留下了不可磨灭的痕迹。他追火车，他奔跑，他是用那因匆忙而响亮的脚步声在呐喊，呐喊出对母亲的深深思念啊。

如果是我，站在铁轨旁看着逐渐远去的火车，心里的思念肯定是膨胀到快要满溢出来、把心撑破了吧，一定是生疼生疼的空洞。

第三个场景，是龙应台的父亲龙槐生总是反反复复给孩子们讲同样的经历。记得法国电影《出租车》里也有类似的情节，那时觉得电影里的父亲炫耀自己的功勋是很搞笑的。但是在这本书里，这样一位饱经沧桑的父亲，讲着那样辛酸的主观经历，讲着讲着，就哭了起来。于是，捧着书读到这里的我，也觉得有什么哽在喉头。

什么样的事过了很久，想起来的时候也会哭出来呢？我大概有些能体会。但是再一相比，龙槐生过了那么多年伤口还隐隐作痛的，那时间都不能抚平的伤口，该是一份多么深远的伤痛呢？龙应台在书中反思自己和兄弟姐妹一次也没有给过父亲倾诉的机会，没有用强烈的字眼，只是反复地说着"一次也没有"。这样的自责，也是凝在骨子里的深远的疼痛吧。

第四个令我铭记的，是那些踏过半个中国、翻过十万大山的学生们。兄弟姐妹在某时某地，上了不同的火车，就会走向完全不同的两种命运，甚至此生再无法相见；一本《古文观止》成了全校人一路用来抄录学习的教材，并在六十年后双手奉还；几千个出发的学生，最后走出重围的只剩几百人，还被法国人困在越南集中营三余载……

我无法想象那样的场景，我想不明白几千人是如何变成几百人的。

可这是事实，是名为历史的一场惨烈。我们现在享受着幸福的生活，抱怨学习；但我们是否想过，当自己最基本的生命安全都受到威胁的时候，我们该如何面对汲取知识这件事？

第五个……第六个……

……

书只读了三分之一。不是因为那些叙述多难以理解，而是那一个个文字敲打在我的心上，就像当年行走在不同的道路上的他们的步履那样沉重而艰难。

故事太多，视角太纷繁，每一个都不同，每一个都是那么重要，因此龙应台才会一一走访他们，然后把属于他们的每一个故事写在这厚厚的一本书里。龙应台运用了过去和现在交叉的叙述手法，她的语言如行云流水，很平静、很恬淡。但是这本书的重点不是在于她的写作技巧，而是其本体——每个人的一九四九。

战争是现世的反面模式。它撼动着马斯洛理论的金字塔，迫使人回归追求最基本生理需求的兽性。国难当头、家破人亡，一九四九或许不是死伤最多的一年，不是最水深火热的一年，却是中华民族千万条脉络汇集的一年。长久以来的疲惫与麻木，在得以喘息之后开始恢复，那些不知何时埋在深处的伤口开始隐隐作痛。悲太过幽怨，哀太过软弱，于是诠释这份伤痛的最佳词汇便是，悲怆。

我好像有点明白了小情小爱和家国情怀的区别。小情小爱，是你多体会多咂摸这生活就能写得出的，但是家国情怀是需要人生阅历的。不过，若是要走上这家国情怀的道路，我想是势必要先经过小情小爱的。

我现在就走在这条路上，由情调走向情怀。就像书中扉页所言：

所有的颠沛流离，

最后都由大江走向大海。

后　记

李荣昕

贾昕平找到我时我正吃着一碗价值七块九毛钱的方便面。

"有空吗！"来者豪迈地拍了一下我的肩膀，眉飞色舞，神采奕奕，"来来来，我们说点儿事儿。"

"你……"那是个阴暗的下午，教室的灯光很温暖，面泡得恰到好处、弹力十足，汤香气四溢，我瞪着刚刚不幸掉到汤里的叉子不知所措，一颗满怀希望与爱的心呼啦啦地碎成了铅笔屑。

开端大概就是这样儿了。当时的我忙得每天要死要活，我亲爱的前社长所说的工作像个可爱的笑话，我特给面子地捧了场，堪比脑子缺根弦儿的神经病。等过了一段时间我可算考完那"愚蠢的美国考试"，才回北京没两天，贾昕平就嬉皮笑脸地跟我说其实吧你需要在一两周内把这五张图画完。

我在写这篇后记的时候仍旧能够回味当时那种"你无情无义无理取闹"的心情，也依稀记得我有多想把手边的手写板砸他脸上——当然，我忍住了，有文化的人是不能动粗的，闹了一天之后我也终于忍气吞声地开始构思。

其中一个原因，大概是我真的很想把这件事做好——尽管就成效来看，它可能不那么好。

其他人大可用些笼统、概括但毫无意义的词汇来形容整个中学生群体，我也大可将中学生的形象局限于那几个被社会主流大肆宣扬的四字短语。但事实上，尽管仅仅是作为庞大社会的一小部分，中学生也是始终无法被"代表"的——他们复杂，他们多变，他们晦涩难懂。漫画中穿着古朴校服、放学后在小巷中青涩地接吻的情侣并不像我所熟知的同学，电影里浸在一隅阳光中、有着漂亮侧脸的学妹并非是我在自习室中所见到的女孩儿，小说中形形色色的描写则更像是被无限放大的浪漫主义，直教人陷在棉花糖般柔软的、无中生有的情怀之中。

然而，在阅读这本书稿的时候——尽管当时它还只是数个未成形的Word文档——抛去少数我个人颇为不屑的少年情思，我意识到，这才是中学生的真正面孔。

不同于那些犹如过期巧克力一般酸涩的电影场景、或者像麦当劳马卡龙一样甜到腻人的小说情节，这本书是真实的、有力的，也因此尤为可贵，且能引人同感。我阅读着他们的文章，甚至可以想象出是在怎样一个月朗星稀的深夜，有人坐在电脑前、怀着满腔异样的情绪敲下这些文字；我清楚他们有多么迫切地想表达自己的想法，因而一遍遍地编织逻辑、修改词句，恨不得将全部的热情或是愤懑都注入进去——因为他们的语言，是当代中学生的语言；因为，我就是他们其中的一员。

文集中不乏熟悉的名姓，在校园传媒界拼搏的一年多时间让我对这些大名鼎鼎的人物另有一份敬仰之情，他们笔下的文字更是超乎我的想象，其中不乏叫我看得泪眼朦胧心情沉重的文章；而我作为唯一一个为这本书画插图的人，压力可想而知。

至于我，大抵除了普通高中生的身份之外，也没有什么优势了，而在不到两周之内无数次把画了一半的草稿扔下转而打开游戏大概也

后
记

203 ■

说明我完全不端正的态度——我姑且将自我逃避归入青少年成长必要要素之一。找一个全无专业经验的高中生为这本被寄予厚望的书画插图是否是个正确的选择我无从得知，而我所能做的，大概也只有尽力而为。

如果这拙劣的画技值得什么回报的话，一碗七块九毛钱的方便面正好。